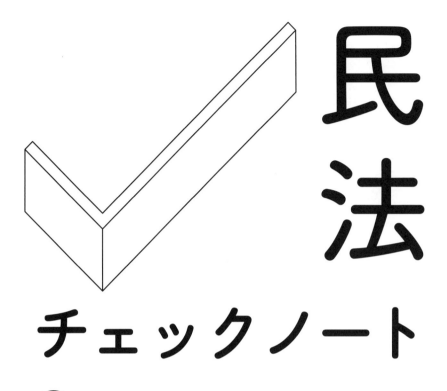

民法チェックノート

チェックノート

① 総則

BASIC CIVIL LAW
WORKBOOK #1

◇ 石田　剛
◇ 野々上敬介
◇ 溝渕将章
◇ 吉永一行

有斐閣

　民法は，わたしたちの日常的な社会生活を支えるルールの根っこにあたる規範です。民法の講義等では，「所有」・「契約」といったなじみ深い言葉が繰り返し登場する一方，たとえば「権利能力」・「法律行為」など，外国語のような響きをもつ目新しい言葉にも出会います。

　「総則編」には，とりわけ抽象度の高い法律用語が散りばめられた，いかにも難しそうな条文が並んでいます。抽象度の高い規範が集められているのは，社会がどう変化しようとも，できるだけ多くの社会関係に幅広く適用できるようにしておくためです。そのため，民法総則を学ぶにあたっては，何はさておき，こうした抽象的な概念に少しずつ慣れてゆく必要があります。また，「人」・「法人」・「代理」・「時効」のように，日常用語でよく使う言葉についても，法律用語としてもつ特別な意味を厳密に見定める習慣をつけることも重要です。

　本書は，民法を学びはじめたばかりの読者に，民法総則に関して最も重要な基礎知識を修得できているかどうかを自分でチェックしてもらうための演習書です。法学においても，外国語の修得と同様に，インプットとアウトプットをバランスよく組み合わせて，段階をふみながら進めてゆくのが効果的です。そこで，インプットを中心とする Step 1 から，インプットとアウトプットの接合をはかる Step 2 を経て，アウトプットを中心とした Step 3 へと至る 3 段階ドリル形式で構成することにしました。さらに進んだ学習のための道しるべとして，Jump を各項目の末尾に加え，本格的な体系書・参考書・判例集などにも手を広げた，より深い民法の学習への橋渡し役もできれば……と少々欲張りなことも考えています。

　Step 1 では，条文や判例で用いられる重要な基本概念を選りすぐり，抽象的な法律用語を正確に理解してもらうための説明を中心としています。あちらこちらに穴埋め問題が出てきます。また，必要に応じて，理解を助けるための簡単な図表も挿し入れました。

　Step 2 では，それぞれの条文が適用される典型的な事例のイメージを抱いてもらうためのごくごく短い論述問題を用意しました。抽象的な規範の内容を具体例に即して説明できるようになれば，机上で学んだ知識が実践で使える知識として定着したといえます。

　Step 3 では，期末試験や各種資格試験の論述問題に解答する場面を想定しています。論述問題では，どのような順序・形式にしたがい，どのような内容を盛り込むべきか，法律文書の基本型を示し，答案の書き方を向上させるためのワンポイント・アドバイスを付しています。

このように，本書は，六法と教科書等を手に，大学等で講義を聴いたり，自習をしたり，民法総則を学びはじめて間もない人たちが，各種試験の前に学んだ内容を総復習する際に有用な副読本として使われることを主に想定しています。とはいうものの，通学途中の車内で，あるいは寝そべりながら，本書一冊をざっと読むだけでも十分に内容を理解できるよう，さまざまな工夫を凝らしているので，民法全体をひととおり学習した人が手っ取り早く民法総則の全体像を総復習したいという場面でも活用していただければとも考えています。

　本書の刊行にあたっては，有斐閣法律編集局の三宅亜紗美さんに数年前にさかのぼる企画段階から，万事にわたりきめ細やかなサポートをいただきました。並々ならぬご尽力に心より感謝申し上げます。

　2023 年 10 月

著者一同

Authors

著者紹介

Mizobuchi Masaaki　Ishida Takeshi

Nonoue Keisuke　Yoshinaga Kazuyuki

野々上敬介	溝渕将章	石田　剛	吉永一行
龍谷大学准教授	上智大学准教授	一橋大学教授	東北大学教授

● 読者のみなさんへのメッセージ／執筆担当

民法は，とっつきやすそうで，手ごわい存在です。複雑怪奇な人の社会に対する好奇心をバネにして，ローマ以来 2000 年を超えて命脈を保つ壮大な構築物の迷路を楽しんできたものの，その全貌を把握しえないまま土に還る運命にある自分は，樹齢数百年に及ぶ巨木の樹液をありがたく頂戴する一匹のカブトムシと似ています。

執筆担当：II Approach・2, V, Column 3

石田　剛

この本の作成にあたって，私自身が大学に入学して民法を学びはじめた頃のことを思い返し，その頃の記憶をたどりながら執筆に取り組みました。この本が，民法を学ぶ足がかりや，学んだ知識の確認など，いろいろな形で民法の学習のために少しでも資するところがあれば幸いです。

執筆担当：Introduction, I, IV, Column 1

野々上敬介

山登りで喩えるなら，民法の勉強は，「登りはじめは険しいし，登るにつれてもっと険しくなる。でも，3 分の 1 くらいまで行くと，険しさはあまり変わらないものの，綺麗な景色が見えてくる」といったところでしょうか。皆さんが「3 分の 1」あたりまでたどり着くお手伝いができれば，と思って本書を書きました。

執筆担当：II 1, VII, Column 4

溝渕将章

穴埋め問題は，穴を埋めることができるようになれば終わりではありません。答え（本書では Part 2）を見て，穴の前後に何が書いてあったか（定義，具体例，根拠など）を思い出せるかも確認することが必要です。漢字ドリルに，漢字→読みと，読み→漢字の両方向の問題があるのと同じです。

執筆担当：III, VI, Column 2

吉永一行

Contents
目次

Part 1	Part 2
チェックノート	解説と解答・解答例
p. 1	p. 105

		Part 1	Part 2
◇	Introduction	2	106
Ⅰ	通則	7	106
Ⅱ	人	11	107
	1 権利能力	12	107
	2 意思能力・行為能力	17	108
Ⅲ	法人	23	112
Ⅳ	法律行為	29	114
	1 法律行為・意思表示総論	30	114
	2 意思表示の成立と解釈	34	116
	3 公序良俗，強行規定	38	119
	4 無効と取消し	42	120

		Part 1	Part 2

Ⅴ) 意思表示 ——————————— 47　124

　1　心裡留保・虚偽表示 48　124

　2　94条2項類推適用 52　127

　3　錯誤 57　129

　4　詐欺・強迫 62　131

Ⅵ) 代理 ——————————————— 67　135

　1　代理総論・有権代理 68　135

　2　代理権の制限・代理権の濫用 73　137

　3　無権代理 78　139

　4　表見代理 82　141

Ⅶ) 時効 ——————————————— 87　145

　1　消滅時効 88　145

　2　取得時効 92　147

　3　時効の援用・時効利益の放棄 96　149

　4　時効の完成猶予事由・更新事由 100　151

Column

1　判例 10

2　物 22

3　第三者・承継人 66

4　条件・期限 86

本書の使い方

　この本は，学習上おさえておきたい重要な知識をチェックし身につけていくための Part 1 と，Part 1 の内容についての解説と解答・解答例をまとめた Part 2 の 2 つで構成されています。まず Part 1 で，説明を読み，問題に取り組んでみてください。

　Part 1 は，各テーマの中で，Step 1〜3 の順となっており，Part 2 もこれに対応しています（Step 1 だけのテーマもあります）。Part 1 では，さらに先へ進むための Jump も続いています。基礎から少し発展的な内容まで，1 つずつチェックしながら前に進んでいきましょう。

Step 1 ▶ 基本の説明をチェックしていくステップです。特に大切な用語や概念で，穴埋め形式となっているものがあります。条文もきちんと読みながら内容をおさえていきましょう。

Step 2 ▶ 短い事例などを読んで問いに答えるステップです。あるルールが具体的な場面ではどのように適用されるのか，事例に即してチェックしていきましょう。

Step 3 ▶ このステップでは，少し長めの事例問題にチャレンジしましょう。「解答へのみちすじ」が，手助けとなります。また，Part 2 に，解説だけでなく解答例も掲載しています（なお解答例は丸暗記するものではありません）。取り上げられている内容を理解するとともに，欄の右側に示してある「問題の提示」などのマークや注記にも注目しながら，どのように答案を書いていけばよいか（構成のしかたや型）を学びとってください。

Jump ▶ さらに発展的な問題を示しています。Jump には，Part 2 での解説・解答例は付していません。「⇒」の先の判例などを調べ，さらに深い学習へ進んでみてください。

本書で用いている略語など

> 条文番号のみを引用しているものは，民法の条文です。
> その他の法令については，条文番号の前に法令名を示しています（引用が続く場合，略称表記とした箇所があります）。

> 判決文・条文を「　」で引用している場合，原則として原典どおりの表記としていますが，ふりがななどを補ったものがあります。
> 引用の「　」内の〔　〕表記は，著者による注であることを表します。

> 判例の表記については以下のとおりです。
> 例：最大判昭和 41・4・20 民集 20 巻 4 号 702 頁
>
> ●裁判所　　　　　　　　　　　　　　　　●判例集
>
> 大判 ———— 大審院判決　　　　　　　　民録 — 大審院民事判決録
>
> 最（大）判 — 最高裁判所（大法廷）判決　　民集 — 大審院，最高裁判所民事判例集
>
> 高判 ———— 高等裁判所判決　　　　　　判時 — 判例時報

> 『民法①総則 判例 30！』の引用は「判例 30①-1」，『民法判例百選 I〔第 9 版〕』の引用は「百選 I-1」（第 9 版以外は「百選」の後に版を表記）のように，項目番号を示しています（いずれも有斐閣刊）。

Part

1

チェックノート

Introduction

⇒答えは p. 106

▶ 権利と義務

　民法の最初にある1条1項の冒頭には，（①　　）権という文言が用いられている。また，次の1条2項では，「権利」と「義務」という文言が用いられている。これらの条文の内容はひとまずおくとして，この箇所だけ読むと，民法は，（①　　）権，あるいは，権利・義務について定めているのだということが一応わかる。

　（①　　）権とは，（①　　）法上の権利のことであるとされる。（①　　）法とは何かは民法で定められているわけではないが，法の代表的な分類の1つであり，公法と対置されるものである。（①　　）法とは，公権力の担い手ではない──その意味で対等な──人びとの社会生活上の関係を規律する法である，とされる。（①　　）法に分類される法にはさまざまなものがあるが，民法は，（①　　）法の中で最も基本的な法であると位置づけられている。

　そして，民法は，人びとの社会生活上の関係について，「権利」「義務」という概念で規律している。たとえば，どのような場合にどのような権利が発生するのか，どのような権利を有していればどのようなことが法的に認められるのか，といったことなどについて，民法はさまざまなルールをもうけている。

▶ 権利の種類

　では，民法が定めている権利にはどのような種類のものがあるだろうか。

　民法上さまざまな権利について規定がもうけられているが，大きく分けると2種のものがある。1つは，民法第2編のタイトルにもあるとおり，（②　　）である。もう1つは，民法第3編のタイトルにもあるとおり，（③　　）である。（②　　）は，物を直接に支配できる権利，（③　　）は，特定の他人に対して一定の行為をすること，あるいはしないことを要求し，その結果を保持できる権利，などとされる。

　たとえば，所有権という権利があることは，民法について詳しく学ぶ前から知っている人も多いだろう。民法の目次をみていくと，民法第2編の第3章に「所有権」という章があることから，所有権は（②　　）の1つであることがわかる。その章の一番最初の規定をみると，「所有者は，法令の制限内において，自由にその所有物の（④　　），（⑤　　）及び（⑥　　）をする権利を有する」と定められている（206条）。そこで，物の所有者は，その物を利用したり，他人に貸して賃料収入を得たり，あるいは他人に売ったりすることができる，ということになる。

　賃料収入についていうと，読者の中には，アパートやマンションの1室を借りて住んでいる人もいるのではないかと思うが，このように賃料を支払って物を借りる（賃料の支払を

受けて物を貸す）合意を（⑦　　　　）契約ということも，多くの人が知っているだろう。（⑦　　　　）契約については，民法第3編の第2章「契約」という章があり，その中の第7節に「（⑦　　　　）」という節がある。ここでも，民法上の位置から，（⑦　　　　）は契約の一種であり，また，契約は，（③　　　　）の発生原因の1つとして位置づけられていることがわかる。たとえば，（⑦　　　　）契約が結ばれると，貸主は借主に賃料の支払を請求することができる（③　　　）を取得し，借主は貸主に賃料を支払う義務（（③　　　）に対応する義務なので，（⑧　　　　）ともいう）を負うことになる。

　なお，民法第3編第2章で定められている契約の種類は，（⑦　　　　）も含め，民法第3編第2章の第2節〜第14節のタイトルに列挙されているので，各自の六法で確認してほしい。

▶ 民法の編纂方式

　民法第3編第2章第7節は，第1款「総則」から始まっている。ところで，民法の目次をみてみると，「総則」と名のついた編，章，節や款がいくつもあることがわかる。

　これらの「総則」の箇所には，その「総則」が置かれている編や章などに共通して適用されるルールが前にくくり出されて定められている。たとえば，民法第3編第2章第7節「賃貸借」の第1款「総則」は，この款が置かれている「賃貸借」に共通して適用されるルールが，第2款以下に先立ってまとめてくくり出されている，というわけである。

　同じように，民法第3編第2章「契約」でも，第1節が「総則」となっている。これは，その第2節以下で置かれている個別の契約類型に共通するルールが，この箇所にまとめてくくり出されていることを示している。

　同様に，民法第1編「総則」には，民法全体に共通して妥当するルールが集められている，ということになる。冒頭で述べたように，民法は，（①　　　）法上の権利・義務について定めるものであることから，第1編「総則」に置かれているのは，おおざっぱにいうと，そうした権利・義務全般に共通するルールだということになる。なお，一般に，民法第1編「総則」を指して，（⑨　　　　　）と呼んでいる。

　このように，共通するルールをひとまとめにして体系化を図る法典編纂の方式を，パンデクテン方式という。この編纂方式には，同じルールを繰り返し条文に規定することを避けられるという利点がある。一方で，以上のことの裏返しでもあるが，ある事象に適用されるルールが民法上に点在していることに留意する必要がある。たとえば，賃貸借契約に適用されるルールは，民法第3編第2章第7節に置かれているが，それだけでなく，民法第3編第2章第1節「総則」，民法第3編第1章「総則」，民法第1編「総則」などにも，関連するルールが置かれている，ということである。

　そのため，「総則」に置かれているルールについて，それらのルールが適用されうる具体的な場面を意識しながら学ぶこと，また，個別の規定に関する学修を進める過程でも「総則」に置かれたルールとの関連性を常に念頭に置いておくことが重要となる。

　民法全体の構造を，「総則」に着目しながら整理すると，以下のようになる。

```
┌─────────────────────────────────────────────────────────────────────┐
│  第1編「総則」（民法総則）            民法全体に共通して適用されるルール   │
│                                                                       │
│   ┌─ 第2編「物権」                                                    │
│   │   第1章「総則」                    「物権」に共通して適用されるルール │
│   │   第2章以下で，個別の物権に関する規定。                            │
│   │                                                                   │
│   ├─ 第3編「債権」                                                    │
│   │   第1章「総則」                    「債権」に共通して適用されるルール │
│   │   第2章以下で，個別の債権発生原因に関する規定。                    │
│   │   第2章「契約」の中にも，第1節「総則」があり，第2節以下で，個別の契約類型 │
│   │   に関する規定。                                                  │
│   │                                                                   │
│   ├─ 第4編「親族」                                                    │
│   │   第1章「総則」                    「親族」に共通して適用されるルール │
│   │   第2章以下で，婚姻・親子などの身分関係に関する規定。              │
│   │                                                                   │
│   └─ 第5編「相続」                                                    │
│       第1章「総則」                    「相続」に共通して適用されるルール │
│       第2章以下で，相続のさまざまなルールに関する規定。                │
└─────────────────────────────────────────────────────────────────────┘
```

▶ 要件と効果

　さて，もう一度，民法の賃貸借契約の規定をみてみよう。民法第3編第2章第7節は，601条から始まっている。この601条をみると，「当事者の一方がある物の使用及び収益を相手方にさせることを約し，相手方がこれに対してその賃料を支払うこと及び引渡しを受けた物を契約が終了したときに返還することを約する」ことによって，賃貸借契約が「その効力を生ずる」（上でみたように，貸主の借主に対する賃料支払（③　　　）が発生する。また，貸主には借主に対して賃貸目的物を使用・収益させる（⑧　　　）が発生する）と定められている。

　このように，民法の規定は，一般に，「ある原因Aが存在するときは，結果Bが生ずる」というかたちで定められている。このとき，原因Aを法律（⑩　　　）（または，単に（⑩　　　））といい，結果Bを法律（⑪　　　）（または，単に（⑪　　　））という。条文を確認する際には，「どのような（⑩　　　）のもとで，どのような（⑪　　　）が生じると定められているか」を意識して読むことが重要である。

▶ 建物の賃貸借をめぐる法の分類

　ところで，アパートなどのような建物の貸し借りの場合，民法の賃貸借契約に関する規定のほかに，借地借家法という法律の規定も適用される（借地借家法の規律対象については，その第1条を確認してみよう）。

　このように建物の賃貸借には民法と借地借家法の両方が適用されるが，この2つの法の関係は，次のようになる。民法は，（①　　　）法の分野の中で最も基本的な法であり，借地借家法は，（①　　　）法の分野の中のある特定の範囲のみを特に規律する法である。そこで，借

地借家法の規律が存在する場面では，それに対応する民法の規律があるかないかにかかわらず，借地借家法の規律が適用される。これに対して，借地借家法に規律がなければ，民法の規律が適用される。

以上のような民法と借地借家法の関係は，（⑫　　　）法と特別法，という法の分類のもとで整理すると，次のようになる。すなわち，民法は（①　　）法の（⑫　　　）法であり，借地借家法は（①　　）法の特別法の１つである。

（①　　）法の特別法に分類されるものは，商法，消費者契約法など，ほかにもさまざまなものがある。

I

通則

I　通則

Step
1
● 基本の説明を理解しよう　　　　　　　　　　　　　　　　　　　⇒ 答えは p. 106

1条①　私権は，公共の福祉に適合しなければならない。
　　②　権利の行使及び義務の履行は，信義に従い誠実に行わなければならない。
　　③　権利の濫用は，これを許さない。
2条　この法律は，個人の尊厳と両性の本質的平等を旨として，解釈しなければならない。

▶ 民法の基本原則

　Introduction でも述べたように，民法は，（①　　）法上の権利・義務について，さまざまなルールをもうけており，条文数も相当に多い（六法を確認して，民法の分量をほかの法律と比べてみよう）。もっとも，そうではあっても，社会生活の中で起こりうるあらゆる事態に対応して事細かく明確なルールをもうけておくことは困難である。そのため，たとえば，ある具体的な場面において，法で定められているルールをより具体化すべきことが問題となるような場合や，あるいは，法で定められているルールをそのまま適用したのでは著しく妥当性を欠く結論になることから，そのルールを修正すべきと考えられるような場合も生じることがある。

　そこで，そのような場合に，民法第1編第1章「通則」で定められている，いわば民法の基本原則に関する規定が，事案の解決のために用いられることがある。民法1条・2条には計4つの条項があるが，その中で実際に使われることが少なくないものは，1条2項と1条3項である。

　もっとも，これらの原則は，法で定められているルールを前提として，それを具体化したり修正したりするものである。法で定められているルールを踏まえることなくこれらの原則を持ち出しても，法律の議論としては受け入れられないことに留意しておく必要がある。

▶ 1条2項

　1条2項によれば，権利の行使および義務の履行は，（②　　）に従い（③　　）に行わなければならないとされている。これを一般に，（②　　）と（③　　）をつなげて（④　　）の原則，あるいは，単に（②　　）則という。

　この原則に依拠して，さまざまな場面でルールが形成されている。その具体例については，それぞれの箇所で詳しく学んでほしい（本書の範囲でいうと，たとえば，Ⅵ3 の Jump〔81頁〕で挙げられている場面や，Ⅶ4 の Step 3〔102頁〕で挙げられている場面で，判例は，この原則に依拠したルールを展開している）。

▶ 1条3項

　また，いくら権利を有するといっても，それをみだりに行使することは許されない。1条3項は，権利の（⑤　　　）は，これを許さない，として，このことを明らかにしており，これを一般に，権利（⑤　　　）の禁止という。

　たとえば，Introduction でみたように所有権は物の（⑥　　　）・（⑦　　　）・（⑧　　　）を自由にすることができる権利であるので，自分の所有地の中で，自分の所有物を焼却してしまうことも，基本的には自由である。しかし，その焼却の際に多量の煙が発生し，近隣の住民に健康被害が生じる場合はどうであろうか。このような場合にまで，所有権を有しているのだから何をやってもよい，責任は一切問われない，とは単純にはいいがたいだろう。そこで，外見上は権利の行使にあたる場合でも，権利の行使として認められる限度を超え，許されない場合があることを，1条3項は明らかにしている。これに依拠して事案の解決が図られている場面についても，詳しくはそれぞれの箇所で学んでほしい。

判例

　裁判は，個別の具体的な事件ごとに，当該事件の解決のために行われる。そのため，裁判で示された法的判断は，紛争が法の適用によってどのように解決されたか，その実例を示すものであるということができる一方で，ある事件の裁判で示された法的判断が，別の事件の裁判でも同じように示される保障があるわけではない。もっとも，裁判で示された法的判断の中には，その判断にかかる論点と同じような事柄が問題となる別の事件においても，同趣旨の内容が繰り返し示される，というものもある。そのような判断は，単に過去の紛争解決の実例を示すものというだけでなく，同じような論点が問題となる将来の別の事件の裁判の先例となるものであり，その意味で，実務上，あるいは学修上も重要であるということができる。このように，個々の裁判で示された法的判断であって，将来の同種の事件の裁判において先例となるものを，「判例」と呼ぶことがある（本書でも，このような意味で判例の語を用いている）。

　そして，このような先例としての力という観点からみたときに重要なのが，最高裁判所の判例である。まず，最高裁判所の判例がすでにある場合において，高等裁判所が，過去の最高裁判所の判例と相反する判断を含む裁判をした場合，当事者は，最高裁判所に不服の申立て（上告受理の申立て）をすることができる（民事裁判につき，民事訴訟法 318 条 1 項・337 条 2 項）。過去の最高裁判所の判例と異なる裁判があった場合には，現行制度における終審の裁判所である最高裁判所（憲法 81 条）に対して，当該事件の終局的な判断をあらためて促すことができるとされているわけである。また，最高裁判所の裁判は，5 人ずつの判事で構成される 3 つの小法廷のいずれかでされるのが通常であるが，法令の解釈適用について過去の最高裁判所の判例に反する判断をするときは，15 人の判事全員で構成される大法廷で裁判をしなければならないこととされている（裁判所法 10 条 3 号）。このように，最高裁判所が自らの判例を変更するにあたって特別の慎重な手続が予定されていることから，一般論として，判例変更がされる可能性は大きくないということができる。過去の最高裁判所の判例がある場合には，それに沿った判断が今回の裁判の終局的判断として示される可能性が小さくない，というわけである。

　このように，現行制度上，最高裁判所の判例のもつ先例としての意義は非常に大きい。そこで，単に「判例」というとき，特に裁判所の限定が付けられていない場合でも，最高裁判所の判例のみを指すことも多い。

人

Approach

□ 1　権利能力

　私法上の権利・義務の主体となるための資格を権利能力という。人は出生と同時に誰でも平等に権利能力を享受する。そのため、権利能力平等の原則は、私法上の基本原則の1つとして説明されている。こうした権利能力の始期と終期に関して民法がどのような定めを置いているか、確認しよう。

□ 2　意思能力・行為能力

　意思能力とは、行為の法的効果を認識・判断することができる知的能力とされる。行為能力とは、人が単独で確定的に有効な法律行為を行うための資格をいう。行為能力を制約された人は、制限行為能力者というかたちでいくつかのグループに分けられ、保護の必要性に応じて財産管理を支援するための保護者が付されている。意思能力および行為能力に関して民法がどのような定めを置いているか、基本的な事柄を確認しよう。

1　権利能力

Step 1

● 基本の説明を理解しよう　　　　　　　　　　　　　　　　　　　　⇒答えは p. 107

▶ 権利能力とは

　民法には，財産や家族関係に関わる多種多様な権利，および義務が定められている。これらの権利や義務を有することができる資格のことを，（①　　　　　　）という。（①　　　　　　）をもたない存在，たとえば人間以外の動物は，権利や義務を有することが絶対にできない。民法上，（①　　　　　　）をもつとされているのは，自然人，つまりわれわれ生身の人間（民法第1編総則第2章の定める「人」），および法人（民法第1編総則第3章）の2つである（Ⅱでは自然人のみを扱う。法人については→24頁 Ⅲ）。なお，民法には，（①　　　　　　）のほかにも，意思能力や行為能力など，さまざまな「能力」が登場する。これらは，等しく「能力」という言葉で表現されているものの，その意味するところはそれぞれ大きく異なるので，混同しないように注意が必要である（意思能力・行為能力については→17頁 Ⅱ2）。

▶ 権利能力の始期および終期

> 3条①　私権の享有は，出生に始まる。
> 　②　外国人は，法令又は条約の規定により禁止される場合を除き，私権を享有する。

　自然人は，いつ権利能力をもつようになるのか。3条1項は，「私権の享有は，出生に始まる」と定める。ここでいう「私権」とは，民法や商法など私法に登場する，財産や身分に関わる権利のことである。この私権を有すること（「享有」）ができる要件として，条文では，「出生」の事実のみが挙げられている。つまり，この条文は，自然人であれば，誰もが権利能力を有すること，そして，各自の有する権利能力の範囲や内容に差異がないことを意味する。このことを，権利能力平等の原則という。ただし，外国人は，法令または条約の定めにより，ある種の権利を有することができない場合がある（3条2項）（たとえば，「特許法」という法律があるので，その25条をみてみよう）。

　他方で，自然人は，死亡すること（のみ）によって権利能力を失う。このことは，直接に規定する条文はないものの，そのように考えられている。自然人が死亡すると相続が生じ，その者の権利・義務の一切が相続人へと移転する（896条本文）。このことは，自然人が死亡により権利能力を失う（権利・義務の主体ではいられなくなる）ことを，間接的に示している。

check ✔

> ・（①　　　　　　）：権利を有し，義務を負うことのできる資格のこと

> →自然人は，（②　　　）によって，（①　　　　　）を取得する。
> 　自然人は，（③　　　）によって，（①　　　　　）を喪失する。

▶ 権利能力の始期に関する特別なルール

> 886条①　胎児は，相続については，既に生まれたものとみなす。
> 　②　前項の規定は，胎児が死体で生まれたときは，適用しない。

　出生により権利能力をもつようになるということ（3条1項）は，反対に，出生の前には権利能力がないことを意味する。したがって，母体内の胎児は，権利能力を有しない。

　他方で，この原則をいかなる場面でも貫くと，胎児（というより，出生後の自然人）にとって不当な結果になることがある。たとえば，A女が，B男との子Cを妊娠していたところ，Bが死亡したとする。このとき，Bの死亡後に出生したCは，Bの相続人になるだろうか。相続人になるためには，被相続人（死亡した人のこと）の死亡時点で，権利能力をもつ自然人としてこの世にいたことが必要である。そうすると，Bの死亡時いまだ胎児だったCは相続人になれず，たとえその後生まれてきても，Bの遺産を取得できなさそうである。

　しかし，これでは，出生後のCは，出生の時点がB死亡の前だったか後だったかという，自らにはどうすることもできない偶然の事情によって，遺産を取得できるか否かを左右されてしまう。このような不当な結果が生じないように，民法は，相続との関係では胎児はすでに生まれたものとみなすという規定を置いている（886条1項）。この規定により，出生後のCがBの遺産を相続できるかを考えるにあたって，Cは，Bの死亡時すでに生まれていた，つまり権利能力を有する自然人としてこの世にいたのと同一の扱いを受ける。この制度のことを，「出生擬制」と呼び，これにより，CはBの相続人となることができる。ただし，もしCが死産だった場合は，このような取扱いをする必要はないので，原則に戻ってCは権利能力を有していなかったこととし，相続人にならない（同条2項）。

　出生擬制の規定は，不法行為および遺贈との関係でも存在する（721条・965条。不法行為および遺贈については→114頁 Ⅳ1 の Step 2 の解説）。

▶ 権利能力の終期に関する特別なルール

> 30条①　不在者の生死が7年間明らかでないときは，家庭裁判所は，利害関係人の請求により，失踪の宣告をすることができる。
> 　②　戦地に臨んだ者，沈没した船舶の中に在った者その他死亡の原因となるべき危難に遭遇した者の生死が，それぞれ，戦争が止んだ後，船舶が沈没した後又はその他の危難が去った後1年間明らかでないときも，前項と同様とする。
> 31条　前条第1項の規定により失踪の宣告を受けた者は同項の期間が満了した時に，同条第2項の規定により失踪の宣告を受けた者はその危難が去った時に，死亡したものとみなす。

（1）　権利能力の終期との関係でも特別な配慮を要する場面がある。上記のように，自然人が権利能力を喪失する原因は，自らの死亡だけである。しかし，たとえば，Aが行方不明に

なり，生死不明の状態が長期間続いたとする。このような場合には，Aの死亡を確認できなくても，法律上Aが死亡したのと同一に扱って，Aのそれまでの法律関係を処理する制度が必要である。生死のわからない者の財産や身分関係を長期間そのままにしておくことは，Aの家族など，残された者に不利益となりうるからである。そこで，民法は，家庭裁判所の「失踪宣告」により長期の不在者を死亡したものとみなす制度を定めている。

（2）失踪宣告は，人を死亡したものと扱う重大な効果を生じさせる制度であるため，法律が定める要件のもとでのみ行われる。30条によれば，失踪宣告は，①不在者の生死が不明であり，②この生死不明の状態が一定の期間（失踪期間）続いた場合において，③利害関係人の請求があったとき，家庭裁判所がこれを行う。さらに，④家庭裁判所は失踪宣告をする前に，一定の事項を公告することが必要である（家事事件手続法148条3項）。

②の失踪期間はどれくらいか。第1に，普通の場合は，不在者の生存が最後に確認された時から，7年間である（30条1項）。他方で，不在者が死亡の原因となるような危難に遭遇したために生死不明になっている場合は，本当に死亡している可能性が高いので，7年もの長期間待たせるべきではない。そこで，第2に，「戦地に臨んだ者」のように，死亡原因になるような危難に遭遇した者については，危難が去った時から1年間生死不明の状態が継続すれば，失踪宣告が可能である（同条2項）。第1のほうを「普通失踪」と呼ぶのに対して，第2のほうを「特別失踪」と呼ぶ。

（3）失踪宣告により，失踪者が失踪前の生活地で築いた財産や身分関係は，同人が死亡した場合と同一の扱いを受ける（失踪者が残した財産は相続により相続人に移転する。このほか，失踪者に配偶者がいる場合，失踪者死亡の扱いにより婚姻が解消されるので，配偶者は再婚が可能になる）。ただし，失踪宣告は，失踪者が，失踪前の生活地で築いていた法律関係を清算するためのものであり，失踪者が他所で生存していた場合に，失踪者から権利能力そのものを剥奪する制度ではない。

失踪者が，いつ死亡したとみなされるかは，普通失踪と特別失踪とで異なっている。普通失踪の場合は，失踪期間（7年間）の満了時に死亡したものとみなされる（失踪直後に死亡したというのは不自然だから）。特別失踪の場合は，危難が去った時に死亡したものとみなされる（危難が去った後にも生存していたというのは不自然だから）(31条)。

---

check ✅

- ▪普通失踪：最後に生存が確認された後，7年間の生死不明
  →利害関係人の請求
  →家庭裁判所の失踪宣告
  ⇒失踪者は（④　　　　　　　　　　　　　）時に死亡したとみなされる。

- ▪特別失踪：危難が去った後，1年間の生死不明
  →利害関係人の請求
  →家庭裁判所の失踪宣告
  ⇒失踪者は（⑤　　　　　　　　　　）時に死亡したとみなされる。

□1　A男とB女は夫婦であり，Bは，Aの子Cを妊娠している。Bの妊娠中にAは，Dの飲酒運転の自動車にはねられて即死した。この場合において，Cは，出生後，711条に基づく慰謝料の支払をDに請求することはできるか。

□2　Aは，2020年10月1日に自宅を出たきり行方不明になったが，事件や事故に巻き込まれたとの連絡はきていない。2030年になって，Aの子であるBは，Aが残した財産を相続により取得したいと考えるようになった。Bは，法律上どのようにすればよいか。

● 設問 ●

　Aは2020年5月に，乗っていたクルーズ船が太平洋上で沈没し，行方不明になった。2022年になって家庭裁判所は，Aの子で，Aの唯一の親族であるBの請求により，Aの失踪宣告を行った。実はAは，クルーズ船の沈没時，たまたま近くを航行していた近隣国の漁船に救助されており，そのまま療養のためにその国に滞在していた。Aは，2023年にBのもとへ帰来した。ところが，失踪前にAが所有していた土地と建物（以下「甲」という）について，失踪宣告の後，Bとその友人Cが，Aが本当は生存している事実を知らないまま，Cを買主とする売買契約を締結していた。帰来後，甲がすでに売却されてしまったことを知ったAは，甲をCから取り戻すことができるだろうか。

▽ 解答へのみちすじ ▽

・代金を得て所有権などの財産権を他人に移転させる約束のことを，売買契約という。そして，「売られた物」を取り戻すということは，法的には，「売買契約により移転した物の所有権」を取り戻すということを意味する。

・本問で，Cが甲の所有権を取得したのは，Bと売買契約をし，かつ，その当時においてBが甲の所有権を有していたからである（人は，自分が有してもいない所有権を他人に移転させることはできない。このことを「無権利の法理」と呼ぶ。この法理については→52頁　V2）。そして，Bが甲の所有権を有していたのは，失踪宣告に基づく相続により所有権をAから承継していたからである。逆にいえば，もし失踪宣告をなかったことにできれば，その所有権がはじめからAのところから動かなかったことにでき，Cの所有権取得を否定することができる。

・本問では，Aが以上のように失踪宣告の効果を覆（くつがえ）す手段がないかを，検討してみよう。

・他方で，BやCのように，失踪宣告の後，失踪宣告の効果を前提にして取引をした者の利益にも配慮が必要である。本問の検討にあたっては，この点にも注意しよう。

⊙　Step 3 の設問で，失踪宣告の後，外国にいる A から B のもとへ「無事だから心配しないでくれ」と連絡がきていたとする。この連絡があった後で，B が，A 生存の事実を知らない C に甲を売却していたとき，帰来後の A は甲を C から取り戻すことができるだろうか。

⇒ 大判昭和 13・2・7 民集 17 巻 59 頁

2 意思能力・行為能力

Step
1
基本の説明を理解しよう　　　　　　　　　　　　　　　　　　　⇒答えは p.108

▶ 意思能力とは

> 3条の2　法律行為の当事者が意思表示をした時に意思能力を有しなかったときは，その法律行
> 為は，無効とする。

　ある法律行為について意思表示が成立したからといって（法律行為・意思表示については
→30頁 IV1），表意者（意思表示をした者）は当然にその意思表示に拘束されるわけではない。
意思表示が拘束力をもつには，その意思表示が法的に有効なものでなければならない。

　たとえば，認知症の高齢者 A が販売員からすすめられて，ハイリスクの投資商品につい
てその仕組みを全く理解しないまま，その商品の契約申込書にサインしたとする。A 自らが
申込書にサインした以上，認知症による精神障害のため，A がその契約から生じる法律効果
を何ら理解していなかったとしても，契約の申込みの意思表示は成立する（→34頁 IV2）。
しかし，意思表示の法的意味をおよそ理解していない表意者を，その意思表示に拘束するこ
とは妥当ではない。そこで，表意者が意思表示の法的意味を理解できる能力を有しているこ
とが意思表示の有効要件であるとされており，こうした能力は（①　　　　　）と呼ばれて
いる。

　3条の2は，このことを裏側から表現するかたちで，意思無能力の状態で行われた法律行
為は無効であると定めている。

▶ 行為能力とは

　法律行為の有効要件に関わる能力概念として，（①　　　　　）とは別に（②　　　　　）と
いう概念もある。（②　　　　　）という概念を設けることには，どのような意味があるのだ
ろうか。

　民法は，社会生活上必要となる財産管理能力をもつ人を法律行為の主体として想定してい
る。そして，法律行為を自分1人だけで確定的に行うことができる能力を（②　　　　　）
と呼んでいる。しかし，未成熟であるとか，または，加齢等にともなう認知機能の低下等に
より精神上の障害があるなどの理由から，複雑な社会的事象の意味を十分に理解することが
できないハンディを抱えた人たちが，社会には常に一定数存在する。上記の意思無能力を理
由として法律行為の無効を主張することができる仕組みも，判断能力が不十分である人が不
用意に行った行為の拘束力から免れる手段を与えるものとして，重要な役割を果たしている。
しかし，判断能力が不十分な人が，自らの法律行為の問題性を認識したうえで，自ら無効を

主張することは，事実上困難であり，他者のサポートに頼らざるをえない。また，法律行為時に意思能力がなかったことを訴訟等の場において証明することも実際上簡単ではない。

そこで，（②　　　　　）を制約された人たちを「制限行為能力者」というカテゴリーでくくり出し，判断能力の程度や状況に応じて類型化して保護者を付すことにより，その財産管理を積極的に支援する仕組みが用意されている。制限行為能力者は，未成年者と，成年後見制度が適用される成年者という，2つの類型に大別される。

▶ 未成年者とは

> 4条　年齢18歳をもって，成年とする。
> 5条①　未成年者が法律行為をするには，その法定代理人の同意を得なければならない。ただし，単に権利を得，又は義務を免れる法律行為については，この限りでない。
> ②　前項の規定に反する法律行為は，取り消すことができる。

民法上，年齢18歳未満の人は未成年者と呼ばれ，（③　　　　　　　　　）（親権者がいる場合は親権者〔824条本文〕が，親権者がいない場合は未成年後見人〔838条1号〕が，この役割を担う）が包括的な（④　　　　）を与えられ，未成年者の財産管理を代行すべきものとされている（→68頁 Ⅵ1）。未成年者は，自らが主体となって法律行為を行うこともできるが，その場合は，原則として，その行為につき（③　　　　　　）の（⑤　　　　）を得る必要がある（5条1項本文）。（③　　　　　　）の（⑤　　　　）なしに未成年者が単独で行った法律行為は（⑥　　　　）が可能である（同条2項）。（⑥　　　　）がされた場合，その行為は行為時にさかのぼって無効となる。ただし，（⑥　　　　）が可能な行為も，いったん有効に成立しているから，（⑦　　　）されると有効なものとして確定し，取り消すことはできなくなる（→43頁 Ⅳ4）。

もっとも，上記の原則は，不用意に行われた法律行為によって未成年者が不利益を被ることがないよう，未成年者を保護する趣旨に基づくものである。そのため，未成年者の利益となる行為，つまり，未成年者が単に（⑧　　　）を得，または（⑨　　　）を免れる行為は，例外的に単独で行うことができるものとされている（同条1項ただし書）。贈与を受ける等の行為が典型例である。

▶ 成年後見制度とは

> 8条　後見開始の審判を受けた者は，成年被後見人とし，これに成年後見人を付する。
> 9条　成年被後見人の法律行為は，取り消すことができる。ただし，日用品の購入その他日常生活に関する行為については，この限りでない。
> 12条　保佐開始の審判を受けた者は，被保佐人とし，これに保佐人を付する。
> 13条①　被保佐人が次に掲げる行為をするには，その保佐人の同意を得なければならない。ただし，第9条ただし書に規定する行為については，この限りでない。
> 一　元本を領収し，又は利用すること。
> 二　借財又は保証をすること。
> 三　不動産その他重要な財産に関する権利の得喪を目的とする行為をすること。

〔以下略〕

16条　補助開始の審判を受けた者は，被補助人とし，これに補助人を付する。

（1）　成年者であっても，精神障害等により判断能力が不十分な状態にある場合は，その財産管理を支援する必要がある。そのために設けられている制度が成年後見である。成年後見は，本人または配偶者その他の近親者等の申立てに基づいて家庭裁判所が審判により保護者を定め，制限行為能力者の財産管理を支援する仕組みである（7条〜19条）。

　未成年者に関しては，その健全な発達を支援するという教育・監護上の観点が重視される。これに対して，成年後見においては，人格がすでに形成されている本人の自己決定を尊重し，残された能力を活用することとし，財産管理を全面的に他人にゆだねるのではなく，ノーマライゼーションの考え方を基本理念に据えている点に特徴がある。

　すなわち，成年後見制度では，精神障害の度合いが重い場合は，行為能力を強く制限する一方，軽い場合は行為能力を制限する範囲を最小限とするスタンスが採用されている（制限なしに補助手段のみを提供する場合もある）。このスタンスのもと，民法に規定がある成年後見（法定後見）は，本人の精神障害の程度の軽重に応じ，重い順に（⑩　　　　）・（⑪　　　　）・（⑫　　　　）の3類型に分けられている（このほか，将来の能力低下に備えて本人が自ら保護者を決めておく任意後見という仕組みもある）。

　（⑩　　　　）は，事理弁識能力を欠く「常況にある者」を対象とする（7条）。日常的な事柄すら理解できないのが常態である者があてはまる。次に（⑪　　　　）（漢字に注意しよう）は，事理弁識能力が「著しく不十分である者」を対象とする（11条本文）。日常の定型的な取引は1人でもできるが，重要な取引や複雑な内容の取引を1人で適切にすることはできない状態の者があてはまる。（⑫　　　　）は，事理弁識能力が「不十分である者」を幅広く対象とする（15条1項本文）。

（2）　後見開始の審判を受けた本人（成年被後見人）は，（⑬　　　　　　）に関する行為を除いて自ら有効に法律行為をすることができない。成年被後見人が（⑬　　　　　　）に関する行為以外の法律行為を行った場合は，（⑥　　　　　）が可能である（9条）。保護者である成年後見人は，成年被後見人の財産管理につき包括的な（④　　　　　）を有する（859条1項）。

（3）　保佐開始の審判を受けた本人（被保佐人）は，13条1項所定の行為につき，保佐人の（⑤　　　　　）を得なければ法律行為を確定的に行うことができない。たとえば被保佐人が保佐人の（⑤　　　　　）を得ることなく金銭消費貸借契約を締結した場合，その契約は（⑥　　　　　）が可能である（同条4項）。なお，同条1項所定の行為以外についても，保佐人の（⑤　　　　　）を得なければならない旨の審判に基づき，被保佐人の行為の自由が制約される場合がある（同条2項本文）。

　また，保佐人が特定の法律行為に関して被保佐人を代理するには，本人の請求に基づき，または本人の同意を得て，代理権付与の審判がされる必要がある（876条の4）。

（4）　補助開始の審判を受けた本人（被補助人）は，13条1項に定められた行為のうち，補助人の（⑤　　　　　）を得なければならない旨の審判（同意権付与の審判）がされた行為の範囲内において，行為能力の制限を受ける（17条1項）。本人以外の者の請求により同意権付与の審判をするには，本人の同意が必要とされており（同条2項），本人の自己決定を尊重す

る理念が明確に示されている。（⑤　　　）を要するものと特定された行為を，被補助人が補助人の（⑤　　　）なしに行った場合は，（⑥　　　）が可能である（同条4項）。同意権付与の審判がされず，特定の行為につき補助人の代理権が付与される審判（代理権付与の審判）（876条の9）のみがされる場合は，被補助人は行為能力の制限を受けない。

● 具体例で確認しよう　　Step 2　　⇒ 答えと解説は p. 109

☐1　未成年者Aは，伯父Bから，Bが所有する甲土地の贈与を受ける契約（以下「本件贈与契約」という）を締結し，甲につきBからAへの所有権移転登記がされた。本件贈与契約につきAは親権者Cの同意を得ていなかった。甲の固定資産税が高額に上り，負担が大きいと考えたCは，本件贈与契約を取り消すことができるか。

☐2　被保佐人Aは，保佐人Bの同意を得ることなく，Cが所有する甲別荘を6000万円で購入する契約（以下「本件売買契約」という）を締結した。Bは，周辺の地価が急落する中，甲をそのような高額で買うのは賢明でないと考え，保佐人として同意することを控えていた。Cは，甲の購入希望者がほかにもいることから，本件売買契約を取り消すかどうか，速やかに決めてもらいたい。このとき，Cはどのような手段をとることができるか。

☐3　未成年者Aは，Bが所有する甲を20万円で購入する契約（以下「本件売買契約」という）を締結した。本件売買契約に先立ち，BがAの年齢を確認したところ，Aは16歳と正しく回答し，甲の購入につき親権者Cの同意を得てあると伝えた。Bは，Cが本当に同意しているかどうかを確認せずに，本件売買契約を締結した。しかし，その後，Cの同意を得たというAの応答が嘘であることが判明した。Cは，本件売買契約を取り消すことができるか。

● 事例問題に挑戦しよう　　Step 3　　⇒ 解説と解答例は p. 109

● 設問 ●

　AにつきBの申立てにより保佐開始の審判がされ，BがAの保佐人に選任された。その後，Aは亡父Cから譲り受けた甲自動車をBの同意を得ることなくDに廉価（れんか）で売却する契約（以下「本件売買契約」という）を締結し，甲をDに引き渡し，甲の登録名義もAからDに変更された。

　本件売買契約の締結後まもなく，Bは，甲が見当たらなくなったことに気づいて，Aに事情を聴くと，Aは，まとまった金銭が必要になったので，自分の判断でDに売却したと答

えた。Cの形見である甲を廉価でAが売却したことに不満を抱いたBは，本件売買契約を取り消し，甲を取り戻したいと考えている。BはDに対し，どのような請求をすることができるか。

▽ 解答へのみちすじ ▽

・被保佐人が保佐人の同意なしに不動産その他重要な財産の売買を行った場合は，制限行為能力を理由として取り消すことができる（13条1項3号・4項）。

・制限行為能力を理由とする取消権は，制限行為能力者本人（被保佐人）のほか，同意権者（保佐人）も行使することができる（120条1項）。

・取り消された行為は，はじめから無効であったものとみなされ（121条），Dは，Aを原状に復させる義務を負う（121条の2第1項）。

・Dが甲の引渡しおよび登録名義の回復措置の求めに任意に応じない場合，Bは原状回復のために，Aの代理人として弁護士への訴訟委任を行うことができるかが，問題となる。

▶ さらに先へ進んでみよう　　　　　　　　**Jump**

◉　制限行為能力者であることを黙秘したことが，当該制限行為能力者の他の言動と相まって21条の「詐術」にあたるとされる場合があるか，あるとすれば，どのような場合か，考えてみよう。

⇒ 最判昭和44・2・13民集23巻2号291頁（判例30①-03，百選I〔第6版〕-6）

物

　民法は「物」に関して85条から89条に規定を置いている。その内容を確認しよう。

● 物 ＝ 有体物

物：所有権（206条「所有物」），占有権（180条「物を所持」）など物権の対象

| 85条　この法律において「物」とは，有体物をいう。

有体物 ＝ 固体・液体・気体の形で空間の一部を占める存在

⇔ 無体物（例：電気，熱，光などのエネルギー，発明その他のアイディアや学術的な知識，芸術に
　　　　　関わるアイディア，営業上の秘密など）

● 物の分類

① 不動産と動産

　不動産 ＝ 土地およびその定着物（86条１項）

　　＊ 土地の定着物 ＝ 継続的に土地に付着し，その状態で使用することが社会において通常
　　　　　　　　　　　　と考えられているもの

　　　　例：建物，樹木，線路や踏切施設のような土地に作りつけた設備・機械類

　　＊ 建物は，常に土地とは独立した別の財産として扱われる

　動産 ＝ 不動産以外の物（86条２項）

② 主物と従物

　主物・従物 ＝ ある物（甲）の経済的な効用を高めるために，別の物（乙）が継続的に付属さ
　　　　　　　　せられているとき，甲を主物，乙を従物という（87条１項）

　　例：建物の中に畳が敷かれている場合には，建物が主物，畳が従物

　→主物の処分に従物が従うという点で意味がある（87条２項）

　　　例：Aが自己の所有する建物（主物）をBに売却するときには，畳（従物）の所有権もB
　　　　　に移転する

　　　　（もっともA・Bの間でこれと異なる特約を行うことは可能）

③ 元物と果実

　元物・果実 ＝ ある物（甲）が別の物（乙）を生み出すとき，甲を元物，乙を果実という。果
　　　　　　　　実は２種類に分類される。

　天然果実 ＝ 物の用法に従って収取される果実（88条１項）

　　例：乳牛から採られる牛乳，樹木から採取される果実

　　→果実が元物から分離する時に，これを収取する権利を有する者に帰属する（89条１項）

　　　　例：牛乳の所有権は搾乳の時に乳牛を所有する者に帰属する

　法定果実 ＝ 物の使用の対価として受けるべき金銭その他の物（88条２項）

　　例：建物の賃貸から得られる賃料，金銭の貸与から得られる利息

　　→収取する権利の存続期間に応じて，日割計算で取得する（89条２項）

　　　　例：Aが所有する甲建物をBに月額３万円で賃貸していた場合において，月の半ばで
　　　　　　Aが甲をCに売却したときは，この月の賃料債権は，A・Cで日割計算される（こ
　　　　　　の場合は半額ずつ取得する）。もっとも，A・C間に特約があれば，それに従う。

法人

▼ Approach

□ 法人とは，自然人以外のもので権利能力をもつものをいう。自然人以外のものに権利能力を認めること，つまり権利・義務の主体となる資格を認めることにはどのような意義があるのかを，法人の設立に関するルールとともに確認しよう。さらに，法人の機関を整理し，その中でもとりわけ法人の執行機関にあたる理事の権限を確認しよう。

Ⅲ　法人

Step
1

● 基本の説明を理解しよう　　　　　　　　　　　　　⇒答えは p. 112

▶ 法人とは

　法人とは，自然人以外のもので，(① 　　　　　　　)をもつもの，すなわち権利・義務の主体となる資格（これを法人格という）を認められたものをいう。

　法人制度を設けて，自然人とは別に権利・義務の主体となりうるものを認めることの意義を考えてみよう。たとえば，自然人であるＡ・Ｂ・Ｃの３人が，共同してカレー店Ｄを経営しているとしよう。このとき，自然人しか権利・義務の主体になれないならば，店舗建物の賃借や営業資金の借入れ，家具・食器や材料の購入，商品の販売などといった契約によって生じる債権・債務，さらにこうした契約を通じて取得される所有権などのさまざまな権利・義務は，いずれもＡ・Ｂ・Ｃに帰属する。それでは契約の相手方から見て複雑なことになるし，共同でＤを経営する者の加入・脱退といった事情が重なれば，複雑さは倍増する。

　これに対して，自然人でないＤに権利・義務の主体になる資格を認める制度があれば，権利・義務の主体をＤのみとすることができ，相手方との関係が簡素化される。さらに，Ｄを経営するＡ・Ｂ・Ｃの脱退や死亡があったり，他の者が経営に加わったりしても，権利・義務の主体は常にＤのまま一貫して維持される。法人制度は，それを実現するための制度である。

　法人は，法律の規定によらなければ成立しない（33条１項）。これを(② 　　　　　　　　　)という。法人制度は，自然人以外の権利・義務の主体を新たに生み出すものであるから，どのようなものが，どのような手続を経て法人になるのかを明確に定める必要がある。そのため，このようなルールが必要となる。

▶ 社団法人と財団法人

　法人には，上記のＡ・Ｂ・Ｃが集まってＤという法人を作る例のように，一定の目的のもとに結合した人の集団を基礎として設立されるものがある。このとき，法人の基礎となる人の集団を(③ 　　　)といい，それを基礎とした法人を(③ 　　　)法人という。また，この法人の構成員を(④ 　　　)という（会社の従業員という意味ではないので注意しよう）。

　社団法人の例としては，一般社団法人及び一般財団法人に関する法律（一般法人法）によって設立される(⑤ 　　　　　　　)や，会社法によって設立される(⑥ 　　　　　)がある。なお，(⑥ 　　　　　)では，(④ 　　　)のことを特に株主という。

　これに対して，一定の目的のために提供された財産を基礎として法人を設立することもできる。たとえば，自分のもつ財産を将来を担う若者のための奨学金として使いたいと欲した

資産家Eが，出資した財産を基礎として法人Fを設立すれば，出資された財産は，Fに帰属して，管理・運用が行われる。これによって，若者への奨学金給付という事業が将来にわたって（Eが死亡した後も）継続されることになる。このとき，法人の基礎となる財産の集まりを（⑦　　　）といい，それを基礎とした法人を（⑦　　　）法人という。この法人には，構成員（社員）はいない。

　財団法人の例としては，一般法人法によって設立される（⑧　　　　　　　）や，私立学校法によって設立される学校法人がある。

　法人は，設立にあたって目的を定めなければならない。上記の例では，Dは「飲食店を経営すること」が，Fは「若者への奨学金給付を行うこと」がそれぞれ目的となっている。

　民法34条は，法人は，目的の範囲内でのみ権利をもち，また義務を負うと定めている。判例は，この条文から，目的の範囲外の行為がされても，法人はそこから権利を取得したり，義務を負ったりすることはないと理解している。これを「目的外の行為は無効である」と表現する。

　判例のこうした立場には，学説において異論もあるが，ここでは立ち入らない。より詳しい教科書などを参考に，各自で学習を深めてほしい（→28頁 Jump）。

▶ 営利法人と非営利法人

　法人はまた，営利を目的とするか否かによっても分類することができる。ここでいう「営利」というのは，単に利益（もうけ）をあげることをいうのではなく，あげた利益を法人の構成員に分配することをいう。

　営利を目的とする法人を（⑨　　　　）という。その例が，株式会社である。株式会社は，事業によってあげた利益を株主に対して配当する営利法人である（会社法105条）。

　これに対して，一般社団法人は，利益を社員に分配することができない（一般法人法11条2項・35条3項）。こうした法人は，（⑩　　　　　　　）である。また，財団法人は，利益を分配する構成員がいないのであるから，営利法人になることはない。なお，非営利法人でも収益事業によって利益をあげることはできる。「営利」という言葉の意味に注意しよう。

▶ 法人の設立に関する規制

　法人を設立するための手続は，法人の種類によってさまざまだが，共通しているのは，法人を設立しようとする者が（⑪　　　）その他の基本約款を定めたうえで，設立の（⑫　　　　）をすることである。なお，学校法人など一部の財団法人には，基本約款のことを寄附行為と呼んでいるものがある。

　一般社団法人，一般財団法人，株式会社では，以上のような手続をルールどおりに行えば，法人の設立が認められる（一般法人法10条・22条・152条・163条，会社法26条・49条。ルール〔準則〕に従えば成立することから，準則主義という）。これに対して，学校法人は，上記の手続に加えて，基本約款（寄附行為）の内容や設立の手続が法律に従っているか，さらに教

Ⅲ

法人

育を行うに適した資産を保有しているかなどの点について所轄行政機関（大学の場合は文部科学大臣）の認可を得る必要がある（私立学校法 23 条・24 条・25 条。認可主義という）。

▶ 法人の機関

> 一般法人法
> 77 条① 理事は，一般社団法人を代表する。ただし，他に代表理事その他一般社団法人を代表する者を定めた場合は，この限りでない。
> ④ 代表理事は，一般社団法人の業務に関する一切の裁判上又は裁判外の行為をする権限を有する。
> ⑤ 前項の権限に加えた制限は，善意の第三者に対抗することができない。

　法人が取引その他の活動をする際，実際に意思決定をし，決定に従って行為をしているのは自然人（が集まった組織）である。このように法人の意思決定や行為をする自然人や組織のことを，機関という。法人にどのような機関を置かなければならないかは，法人の種類によって（さらにその中でも法人の規模などに応じた分類によって）分かれているが，その機能によっておおむね次のように分類できる。

　まず，法人の基本的な意思決定を行う意思決定機関がある。社団法人では，社員全員で構成されることが通常であり，一般社団法人では（⑬　　　　　），株式会社では（⑭　　　　　）がこれにあたる（一般法人法 35 条，会社法 295 条）。一般財団法人では，意思決定機関として（⑮　　　　　）が置かれる（一般法人法 178 条）。

　次に，実際に業務の執行に携わる業務執行機関がある。一般社団法人・一般財団法人では（⑯　　　　）や（⑯　　　　）会が，株式会社では（⑰　　　　）や（⑰　　　　）会がこれにあたる（一般法人法 76 条・90 条，会社法 348 条・362 条）。このうち，理事や取締役は，法人の活動に必要となる契約の締結など，法人外部の者との間で行う業務執行について，法人を代理する権限をもつ（一般法人法 77 条，会社法 349 条）。その代理権は，法人の行為すべてに及ぶ包括的なものであるという特殊性をもつので，法律上は「代表」と表現されている（代表権を制限した場合については→27 頁 Step 3）。なお，理事や取締役のうち，一部の者にだけ代表権や業務執行権を与え，他の者はこうした権限をもたないものとすることも可能である（代表権をもつ理事を「代表理事」，代表権をもつ取締役を「代表取締役」という。一般財団法人では常に代表理事が置かれる）。

　最後に，法人の業務執行や会計を監督する監督機関がある。一般社団法人・一般財団法人では（⑱　　　　）および会計監査人が，株式会社では，（⑲　　　　）や（⑲　　　　）会ならびに会計監査人などがこれにあたる（一般法人法 99 条・107 条・197 条，会社法 381 条・390条・396 条）。ただし，小規模な一般社団法人では，監督機関を置く必要がない（社員総会や理事相互の監督にゆだねる）ものとされている。このほか，理事会や取締役会が置かれているときは，これらの組織において，理事・取締役が相互に監督をする。

▶ 法人の消滅

　自然人は，死亡によって権利能力を失うが，法人の場合，（⑳　　　　）によって財産関係を

整理する（㉑　　　）という手続に入り，（㉑　　　）が終了する時に消滅する。

check ✅

- ▪法人＝自然人以外のもので（①　　　　　）をもつもの
  - ・分類――――（③　　　）法人／財団法人，営利法人／非営利法人
  - ・設立の要件――目的などを記した基本約款を定めたうえで設立の（⑫　　　）をする。
  - ・業務執行機関―（⑯　　　）・（⑯　　　）会（株式会社では取締役・取締役会）
    →理事（取締役）は，原則として，法人の行為すべてに及ぶ包括的な代理
    権（代表権）をもつ。
  - ・消滅――――法人は（⑳　　　）によって（㉑　　　）の手続に入り，その終了により消滅
    する。

法人

Step 2　具体例で確認しよう　　⇒ 答えと解説は p.112

　株式会社 A は，出版社であり，その目的は定款で「書籍の制作・販売」と定められている。このとき，次の各問いに答えなさい（各問いは独立したものとする）。

□1　A の代表取締役 B は，C 書店との間で，A を代理して，A が制作した書籍を C に販売する旨の契約を締結した。この契約は A の目的の範囲内にあるとされ，A は，この契約によって権利・義務を取得することになるか。

□2　A の代表取締役 B は，C 銀行との間で，A を代理して，A の事業資金として 1000 万円の借入れを行う旨の契約を締結し，C から現金 1000 万円を受け取った。この契約は A の目的の範囲内にあるとされ，A は，この契約によって権利・義務を取得することになるか。

Step 3　事例問題に挑戦しよう　　⇒ 解説と解答例は p.112

● 設問 ●

　一般社団法人 A は，P 県の歴史知識の普及と観光産業の振興のために，年に 1 回「P 県歴史検定」を実施する法人である。その理事である B は，A の経営状況が思わしくないことから，A が所有するいくつかの土地のうちの 1 つ（甲）を売却して資金を調達しようと考え，C との間で売買契約の交渉にあたった。その結果，B は，C との間で，A を代理して，A を売主・C を買主とする甲の売買契約（以下「本件売買契約」という）を締結した。C は A の口

座に代金を振り込み，甲のCへの引渡しと所有権移転登記手続も完了した。

　Aの定款には，Aが所有する不動産について売却その他の処分を行うときには，3名の理事全員の合意が必要であると定められていたが，Bは，他の理事の合意を得ることなく，勝手に本件売買契約を締結していた。このため，Bを除く理事2名は，本件売買契約の締結について，Bに代理権はなかったと主張して，Aを代理して，Cに対して甲の返還と所有権移転登記の抹消登記を求めた。Cがそうした定款の定めを知らなかったとして，この返還請求および抹消登記請求は認められるだろうか。

▽ 解答へのみちすじ ▽

・Aの理事Bは，Aを代表してCとの間で本件売買契約を締結している。この契約の効果が，Aに帰属するかが問題となっている。

・一般社団法人の理事は，法人を代表し，包括的な代理権をもつと定められている（一般法人法77条1項本文・4項）。

・もっとも，Aの定款においては，Aが所有する不動産の売却について，理事全員の合意が必要であるとして，代表権に制限が加えられており，Bは，必要な合意を得ることなく本件売買契約を締結していた。このため，BとCの間の甲の売買契約は，Bの無権代理行為にあたる。

・しかし，一般法人法77条5項は，理事の代表権を制限しても，善意の第三者に対抗することはできないと定めている。

・本問において，Cは，定款で理事の代表権が制限されていることを知らなかった。このため，Aは，本件売買契約が無権代理行為であると主張することはできない。

▶ さらに先へ進んでみよう　　　　　　　**Jump**

◎　税理士会が，税理士に関する法令の制定改廃に関する政治的要求を実現するために政治団体に金員を寄附することや，寄附をするために会員から特別会費を徴収することは，税理士会の目的の範囲に属する行為といえるか。

⇒ 最判平成8・3・19民集50巻3号615頁（判例30①-04，百選I-6）

◎　法人と契約をした相手方が，法人の理事の代表権に制限が加えられていることは知っていたが，その制限を解除する手続がとられていたと過失なく信頼していた場合，表見代理に関する民法110条を類推適用して，法人に契約の効果を帰属させることができるか。

⇒ 最判昭和60・11・29民集39巻7号1760頁（判例30①-05，百選I-30）

Ⅳ

法律行為

Approach

□ 1　法律行為・意思表示総論

　「意思表示」を不可欠の要素とする権利変動原因が「法律行為」である。それぞれの意義について，具体的な権利変動原因との関係を意識しつつ，理解を定着させよう。

□ 2　意思表示の成立と解釈

　法律行為は意思表示を不可欠の要素とするため，意思表示が成立しなければ，法律行為も成立しないことになる。また，法律行為の内容を確定するにあたっては，それを構成する意思表示の内容を確定することが必要となる。意思表示・法律行為の成立と内容確定の問題について，理解を深めよう。

□ 3　公序良俗，強行規定

　「公の秩序又は善良の風俗」（公序良俗）に反する法律行為は，無効とされる（90条）。また，法律行為は，「法令中の公の秩序に関」する規定（91条・92条参照。こうした規定を一般に，強行規定という）に反することを理由に，無効とされることがある。その意義や具体例を確認しよう。

□ 4　無効と取消し

　法律行為について，生じるはずの効力が否定される場合がある。その否定のされ方には，無効と取消しという2つのものがある。法律行為が無効や取消し可能である場合，法律行為はどのように扱われるかを確認しよう。

1　法律行為・意思表示総論

Step
1
⇒答えは p. 114

● 基本の説明を理解しよう

> 522 条①　契約は，契約の内容を示してその締結を申し入れる意思表示（以下「申込み」という。）に対して相手方が承諾をしたときに成立する。
> 540 条①　契約又は法律の規定により当事者の一方が解除権を有するときは，その解除は，相手方に対する意思表示によってする。
> 555 条　売買は，当事者の一方がある財産権を相手方に移転することを約し，相手方がこれに対してその代金を支払うことを約することによって，その効力を生ずる。

▶ 法律行為・意思表示とは

　私たちは，深く意識しているか否かにかかわらず，自らの権利や義務を変動させながら，日々生活を送っている。たとえば，物を売る・買うという行為はごく日常的にされているが，これは法律上は売買契約といい，売買契約により，代金の支払を受ける権利（代金債権）が発生したり，目的物の所有権の移転が生じたりすることになるわけである。

　こうした契約をはじめとして，人びとの間で権利や義務の発生，変更や消滅が生じる原因（これを，権利変動原因などという）には，さまざまなものがある。その中には，権利や義務の変動に向けられた当事者の意思の表明を不可欠の要素とし，原則としてその意思の表明の内容どおりに権利や義務の変動の効果が認められるものがある。このような権利変動原因のことを法律行為といい，権利や義務の変動に向けられた意思の表明のことを意思表示という。民法上，法律行為という言葉は，たとえば民法第（①　　）編第（②　　）章のタイトルで使われており，また意思表示という言葉は，たとえば民法第（①　　）編第（②　　）章第（③　　）節のタイトルで使われている。ただ，法律行為・意思表示という用語の意味を明示する法規定はなく，法律行為・意思表示とは上記のような意味で法学上用いられるものである，ということを理解しておくほかない。

　そこで，法律行為・意思表示の意味を，売買契約を例に，より具体的に考えてみよう。たとえば，A が，B 所有のある物（甲）を 10 万円で買いたいと考えて「10 万円を払うので甲を買いたい」と面前の B に口頭で申し入れた，という場合を考えると，この申し入れる行為は，甲の所有権の取得・10 万円の代金を支払う債務の負担という権利・義務の変動に向けられた意思の表明であるので，（④　　　　　）（申込みという（④　　　　　））である。この申込みを受けて B が，代金 10 万円で甲を売ることを了承する行為も，10 万円の代金債権の取得・甲の所有権の移転に向けられた意思の表明であり，（④　　　　　）（承諾という（④　　　　　））である。そして，この 2 つの（④　　　　　）の合致により，「甲を代金 10 万円で売買する」契約が成立し（522 条 1 項），成立した契約の効力が生ずることで，A と B

は各自の（④　　　　　）どおりに権利を取得し，義務を負担する（権利についていうと，A
は甲の所有権を取得し，B は A に対する 10 万円の代金債権を取得する）ことになる。

　このように，契約は，（④　　　　　）を不可欠の要素とし，（④　　　　　）の内容どおり
に権利や義務の変動を生じさせるものであるので，（⑤　　　　　）の一種である。その中で
も契約は，申込みと承諾という対立する複数の（④　　　　　）の合致を成立要件とする点
に特徴がある。

　これと異なり，たとえば契約の解除は，解除権をもつ者からの相手方に対する意思表示の
みによって行われ，相手方の意思表示を必要としない（540 条 1 項）。このように，複数でな
く 1 個の意思表示だけで成立する（⑤　　　　　）のことを，契約と区別して，単独行為と
いう。

check ✓

- ▪ 法律行為と意思表示の関係
  - ・（⑥　　　　　）は，（⑦　　　　　）を不可欠の要素とする権利変動原因の総称である。
    （⑧　　　）や（⑨　　　　　）がこれに含まれる。
  - ・（⑥　　　　　）の要素として（⑦　　　　　）以外のものも必要とされるかは，（⑥
    　　　　）ごとに異なる。
    たとえば，
    単独行為＝ 1 個の（⑦　　　　　）のみで成立
    契約のうちの売買契約＝（⑩　　　　）・（⑪　　　）という 2 個の（⑦　　　　　）と，
    　　　　　　　　　　　その（⑫　　　　　）
    また，IV2 の Step 1「法律行為の成立」〔35 頁〕でみるように，契約の中には，「（⑩
    　　　）・（⑪　　　）という 2 個の（⑦　　　　　）と，その（⑫　　　）」以外にも必要とさ
    れる要素が存在するものがある。それらについては，さらにそこで必要とされる要素が付
    け加わる，ということになる。

▶ 法律行為・意思表示の概念と，具体的な権利変動原因との関係

　以上のように，民法は，さまざまな権利変動原因のうちで意思表示を不可欠の要素とする
ものをひとまとめにし，これを他の権利変動原因と区別して，法律行為と呼んでいる。そし
て，法律行為・意思表示一般に共通して問題となる事柄をくくり出し，それらについて民法
総則で規律をもうけている。したがって，法律行為に分類される具体的な権利変動原因につ
いて，個別の具体的な権利変動原因に関する規律の箇所だけではなく，民法総則における規
律やそこでの議論もみる必要がある（→3 頁 Introduction「民法の編纂方式」を参照）。

　民法総則で通例扱われている法律行為・意思表示の問題としては，法律行為・意思表示の
成立や効力，あるいは，法律行為・意思表示をその当事者以外の者が行う場合（代理），な
どがある。本書でも，以下それぞれの箇所で，取り上げてみていくことになる。

　以下の①～④は，いずれも具体的な権利変動原因である（Aについていうと，①～④のいずれにおいても，Aはそれぞれの権利変動原因により一定の権利を取得することになる）。それぞれに付した例も読み，①～④の事柄のうち，法律行為に分類されるものを挙げなさい。

① 贈与契約（549条をあわせて参照）

　Aは，Bとの間で，Bが所有する甲土地を無償で譲り受ける旨の契約を結んだ。

② 不法行為（709条をあわせて参照）

　Bは，Aに対する恨みを晴らす目的で，Aの所有するバイクを壊した。

③ 遺贈（964条・985条をあわせて参照）

　自らの死期が近いことを悟ったBは，「自分（B）が所有する甲土地を友人のAに譲る」旨の遺言を書き記し，その後死亡した。

④ 相続（882条・896条をあわせて参照）

　資産家のBが，遺言を残さず死亡した。Bの配偶者はすでに他界していた一方，Bにはひとりっ子のAがいた。Aが，Bの唯一の相続人としてBを相続した。

● 設問 ●

　Aが，Bが所有するある物（甲）を10万円で買い受けたいと考え，「甲を10万円で買い受けたいと考えている。もし売ってもらえるならば，承諾のお返事をいただきたい」旨の申込書を作成してBに郵送し，Bが受け取った。Bは，これを承諾する旨の書面を作成して封筒に入れ，Aに送った。この場合において以下の事情があるとき，A・B間の甲の売買契約は成立しているだろうか。

（1）　Bは書面を入れた封筒を普通郵便で送付したところ，封筒はAが住むマンションの別の住人Cの郵便受けに誤配された。Cはその頃出張で家を不在にしており郵便物に気づかず，誤配されたままとなっている。

（2）　Bは書面を入れた封筒を書留郵便で送付し，Aがその封筒を受け取った。しかし，Aは多忙のため，封筒を開封しないままで書斎の机に置いたままにしている。

（3）　（2）において，封筒はAと同居するAの配偶者Dが受け取った。しかしDは，封筒をタンスにしまった後，A宛てに書留郵便が届いたことをAに伝え忘れたままとなってい

る。

▽ 解答へのみちすじ ▽

・A・B間の甲の売買契約は，その成立に向けての申込み・承諾の合致により成立する。

・申込みと承諾はいずれも，申込みを受ける者または申込者という相手方が存在する意思表示である。相手方のある意思表示は，その意思表示の通知が相手方に到達した時からその効力を生ずる（97条1項）。それゆえ，相手方に到達してその効力が生じている申込みがあり，かつ，その申込みに対する承諾が相手方に到達してその効力を生じることで，申込みと承諾が合致したといえ，契約の成立が認められることになる。

・そこで，設問の(1)〜(3)のような事情のもとで，Aの申込みがBに，また，その申込みを受けてのBの承諾がAに，「到達した」といえるかが問題となる。97条1項にいう「到達」の意味は一般にどのように捉えられているか，確認しよう。

　さらに先へ進んでみよう　　　　　　　　Jump

◎　Step 3 の設問と異なり，書留郵便の受取りが何らかの事情でされなかった結果，郵便物が返送されることがある。このような場合，Bは，承諾は到達したはずだとして契約の成立を主張することができないだろうか。

⇒ 97条2項。最判平成10・6・11民集52巻4号1034頁（百選Ⅰ-24）も参照。

2　意思表示の成立と解釈

● 基本の説明を理解しよう　　　Step 1　　　⇒答えは p.116

▶ 意思表示の成立

　たとえば，Aが，友人Bが転居するというので，その転居祝いのプレゼントとしてワイン（甲）を贈りたいと考え，甲の販売店Cに対して，1万円を払うので甲を買いたいと申し入れた，という場合を考えてみよう。このAの意思表示（売買の申込み）は，法的にどのように分析されるだろうか。

　一般に，意思表示の構造は，4つの概念（動機・効果意思・表示意識・表示行為）を用いて，「表意者（意思表示をする者）は，一定の（① 　　　）のもとで，（② 　　　　）を決定し，（③ 　　　）に基づいて，（④ 　　　　）をする」，と説明されている。（② 　　　　）とは，一定の権利や義務の変動に向けられた内心の意思のことをいう。これは，その意思表示により認められることになる権利変動に対応する意思である。これに対して，（① 　　　）とは，内心の主観的な意思のうち（② 　　　　）にあたらないものをいう。また，何らかの（② 　　　　）を外部に表明しようという意思のことを（③ 　　　　）といい，（② 　　　）を外部に表明する行為のことを（④ 　　　　）という。

　これによると，Aの「1万円で甲を買いたい」という内心の意思は，（② 　　　　）にあたる。この意思表示によりAはCに対して1万円の代金債務を負担することになる（義務の変動が生じる）が，Aの内心の主観的な意思のうちこの部分がそれに対応するからである。これに対して，「Bが転居するというので，転居祝いとして甲を贈りたい」というAの内心の意思は，（① 　　　）にあたる。このように，同じく内心の主観的な意思でも（① 　　　）と（② 　　　　）が区別されている点は，重要である。

　意思表示の構造は，一般にこのように捉えられている。それでは，これらと意思表示の成立とはどのような関係にあるだろうか。

　まず，表示行為が存在するのでなければ，意思表示が成立する余地はないと考えられている。つまり，表示行為は，意思表示の成立要件だということである。

　これに対して，表示行為はあるけれども，効果意思がない（表示行為に対応する効果意思がない）とか，動機に思い違いがあった，という場合，意思表示の成立は（⑤ 認められる ／ 認められない）。これは，そうした場合の意思表示は，一定の要件のもとで，無効（93条・94条）あるいは取消し可能（95条・96条）とされていることによる（93条～96条の詳細は→47頁以下 Ⅴ）。意思表示の無効と取消しは，いずれも，意思表示が成立する場合に，しかしその効力が否定される，というものである。したがって，効果意思がないとか動機に思い違いがあったという場合でも意思表示の成立は（⑤ 認められる ／ 認められない）という枠組みを

民法は採っている、というわけである。

さらに、表示行為はあるけれども表示意識がない、という場合でも、意思表示の成立は認められるとの理解が通説と目される。この理解によると、表示意識がないこと自体は意思表示の成立にも効力にも影響を与えない。ただ、表示意識がない場合は同時に効果意思もないことが多いと考えられ、その場合、錯誤（95条）（→57頁 V 3）の問題として処理される、ということになる。

▶ 法律行為の成立

> 446条① 保証人は、主たる債務者がその債務を履行しないときに、その履行をする責任を負う。
> ② 保証契約は、書面でしなければ、その効力を生じない。
> 522条① 契約は、契約の内容を示してその締結を申し入れる意思表示（以下「申込み」という。）に対して相手方が承諾をしたときに成立する。
> ② 契約の成立には、法令に特別の定めがある場合を除き、書面の作成その他の方式を具備することを要しない。
> 587条 消費貸借は、当事者の一方が種類、品質及び数量の同じ物をもって返還をすることを約して相手方から金銭その他の物を受け取ることによって、その効力を生ずる。

次に、法律行為の成立である。ここでは特に、法律行為のうち、契約についてみておこう。

契約は、目的が対立する複数の意思表示の合致により成立する法律行為、とされている。つまり、契約の成立には、複数の意思表示の存在と、その合致が必要である、というわけである（522条1項）。その1つの具体例については、IV1のStep 1（30頁）を、また、意思表示の効力発生時期の問題については、IV1のStep 3（32頁）を再度確認しておこう。

そして、契約は、意思表示の合致だけで成立が認められるのが原則であるとされている。このように、意思表示の合致だけで成立が認められる契約を、（⑥　　　　　）という。

これと異なり、意思表示の合致に加えて、さらに別の要素が必要とされるものがある。たとえば、金銭の貸し借りを目的とする契約は消費貸借契約（金銭消費貸借契約）というが、587条によれば、消費貸借契約の成立には、貸し借りの目的物を借主が（⑦　　　　　）ことが必要とされている。このように、成立が認められるために目的物の交付が必要な契約を（⑧　　　　　）という。

また、契約は、（⑨　　　）の作成その他の（⑩　　　）を具備することを要しないのが原則である（522条2項）。もっとも、この規定で示されているように、法令でこうしたことの具備が必要とされている契約もある。このような契約を、（⑪　　　　　）という。保証契約がその例である（446条2項。また、消費貸借契約に関する587条の2も確認してみよう）。

▶ 意思表示・法律行為の解釈

> 92条 法令中の公の秩序に関しない規定と異なる慣習がある場合において、法律行為の当事者がその慣習による意思を有しているものと認められるときは、その慣習に従う。

意思表示・法律行為が成立したとして、それがどのような内容のものであるか、解釈する

ことを要する場合がある。ここでも，契約に即して，いくつかのことを確認しておこう。契約の解釈の方法等について，民法上にまとまったルールが置かれているわけではないが，たとえば次のようなことがいわれている。

まず，表示の意味について，契約の両当事者の理解が一致しているときは，その表示が社会一般でどのように理解されるものであるかにかかわらず，契約当事者の理解に従って解釈されるべきだとされる。これに対して，当事者の理解が食い違っており，表示に与えた意味が双方で異なっているときは，伝統的な理解によれば，その表示が社会においてどのように理解されるか，という客観的意味に従って解釈すべきだとされる（→これについては，Step 3 で具体的に検討してみよう）。

また，当事者が合意していなかった事項が，後に問題となることもある。この場合，法令の中に当事者の意思を補充する規定（91条・92条にいう「法令中の公の秩序に関しない規定」。このような規定のことを，任意規定という）があれば，それにより契約が補充される（任意規定についてさらに詳しくは→38頁 Ⅳ3）。さらに，92条によれば，任意規定と異なる（⑫　　　）がある場合において，法律行為の当事者がその（⑫　　　）による意思を有しているものと認められるときは，任意規定に優先して（⑫　　　）により契約が補充される。

● 具体例で確認しよう　　Step 2　　⇒答えと解説は p.116

Ａが，友人Ｂの転居祝いのプレゼントとして甲を贈るために，甲を所有するＣに対して，甲を買いたいと申し込んだ。このＡの意思表示において，次のような事情があった場合，Ａの意思表示の成立は認められるだろうか。

□1　実際にはＡは1万円で買いたいと申し入れるつもりであったにもかかわらず，申し込んだ際の書面の代金の欄に「100000円」と誤って0を1つ多く書いてしまっていた，という場合。

□2　Ｂが転居する話は，Ａが申込みをする時点で取り止めが決まっていたが，そのことをＡは知らないまま申込みをしていた，という場合。

● 事例問題に挑戦しよう　　Step 3　　⇒解説と解答例は p.117

● 設問 ●

Ａは，自宅で親族の集まりを開くにあたり，飲食物を手配することにした。そこでＡは，各種のお酒を取り扱っている酒類販売業者Ｂとの間で，銘柄αのビールを瓶で1ロット買

い付ける契約を結んだ（以下「本件売買契約」という）。

　Bは，ロットの単位について一般的な意味に従って理解していたが，Aは，これまで飲食業に携わったり飲料の大口の注文をしたりしたことがなく，この契約を結ぶにあたり，瓶ビール1ロット＝5ケース＝60本（つまり，1ケース＝12本）だと考えていた。また，この契約において，代金の支払について，月末締めの翌月10日払いとの取決めがされていたが，支払場所については明示的な取決めは特段されなかった。一方，この地域では，酒類販売業者への代金の支払は，その注文が飲食業の営業のためにされたのでないときは，販売業者が注文者の住所まで売掛金の取立てに行くとする旨の慣習があった。

（1）　この場合において，AとBとの間の本件売買契約は，何本の瓶ビールを目的とするものとして成立したと認められるか。

（2）　本件売買契約に基づきAがBに代金を支払うべきであるとして，Aは，どこで代金を支払うべきか。

▽ 解答へのみちすじ ▽

・一般に，瓶ビール1ロット＝5ケースであり，1ケース＝24本だとされているから，1ロット＝120本ということになる。このことは，A・B間の本件売買契約を解釈するにあたって，重要な事情になると考えられる。

・代金の支払場所について，A・Bによる明示的な取決めはない。この場合に，契約の補充が問題となる。弁済の場所については，民法に規定がある（484条1項）。その一方，本問では弁済の場所に関連する慣習が存在しており，慣習がある中で明示的な取決めをしなかったということは，A・Bはその慣習に従うことを当然の前提としていたとも考えられる。こうした場合に，契約の補充についてどのような指針によることが考えられるだろうか。

▶さらに先へ進んでみよう　　　　　　　　Jump

◉　本項目の記述は，Part 2の解答・解説も含め，おおむね伝統的な理解に従った。もっとも，伝統的な理解とは異なる理解が主張されている点も少なくない。たとえば，意思表示の成立については，特に，表示意識がなかった場合に意思表示の成立が認められるかについて，伝統的な理解と異なる理解も有力に主張されている。あるいは，意思表示の解釈の方法についても，社会におけるその表示の客観的意味に従って解釈する（一般に，客観的解釈説と呼ばれる）のとは異なる立場も主張されている。

◉　また，いわゆる制限的契約解釈や補充的契約解釈など，本項目では触れていない問題もある。

◉　以上のような点については，（やや詳しめの）教科書・体系書類にあたってみられたい。

3　公序良俗，強行規定

Step
1

● 基本の説明を理解しよう ⇒ 答えは p. 119

民法

90 条　公の秩序又は善良の風俗に反する法律行為は，無効とする。

91 条　法律行為の当事者が法令中の公の秩序に関しない規定と異なる意思を表示したときは，その意思に従う。

404 条①　利息を生ずべき債権について別段の意思表示がないときは，その利率は，その利息が生じた最初の時点における法定利率による。

利息制限法

1 条　金銭を目的とする消費貸借における利息の契約は，その利息が次の各号に掲げる場合に応じ当該各号に定める利率により計算した金額を超えるときは，その超過部分について，無効とする。

一　元本の額が 10 万円未満の場合　年 2 割

二　元本の額が 10 万円以上 100 万円未満の場合　年 1 割 8 分

三　元本の額が 100 万円以上の場合　年 1 割 5 分

▶ 私法上の規定と異なる内容の法律行為の効力

　法律行為のうち契約について，契約の当事者は，法令の制限内において，契約の内容を自由に決定することができる旨の定めがある（民法 521 条 2 項）。その一方で，契約の内容に関わる規定が，民法その他の私法に属する法律に置かれている。それでは，そうした規定と異なる内容の契約はどのように扱われるだろうか。

　私法上の規定の中には，その規定に反する内容の法律行為は無効とするという趣旨が明示的に定められているものがある。たとえば，「……は無効とする」とか，「……することができない」といったようにである。この場合，規定に反する内容の法律行為は，その規定が定めるところに従って無効とされる。このような規定の例として，たとえば利息制限法 1 条がある。

　もっとも，そうした趣旨が明示的に定められている規定は，そう多くない。それでは，そうした趣旨が明示的に定められていない規定と異なる内容の法律行為の効力はどのように扱われることになるだろうか。

　民法 91 条によれば，（①　　　　　）に関しない規定について，法律行為の当事者がその規定と異なる意思を表示したときは，その意思に従うとされている。（①　　　　　）に関しない規定については，その規定の内容と異なる意思が表示されなかったときはその規定に従うが，異なる意思が表示されたときは，その（規定の内容と異なる）意思を内容とする法律行為の効力が認められうる（（①　　　　　）に関しない規定に反する法律行為がされても，その

規定違反を理由として当該行為が無効となることはない）とされているのである。

　そして，伝統的な理解によれば，この民法91条の反対解釈から，（①　　　　　）に関する規定については，法律行為の当事者がその規定と異なる内容の意思を表示してもその意思表示は無効とされる，ということが導かれると考えられている。ここでいう（①　　　　　）に関しない規定のことは一般に（②　　　　　　）と呼ばれ，（①　　　　　）に関する規定のことは一般に（③　　　　　）と呼ばれている。

　こうした枠組みによると，ある私法上の規定が，（②　　　　　　）であるか（③　　　　　　）であるかの区別が重要となる。これについては，まず，規定自体から判別できることがある。たとえば，上述のように，「……は無効とする」といった定め方がされているものは，（③　　　　　）であるとされる。これに対して，「……当事者の意思に従う」とか「別段の意思表示がないときは……」というように，当事者の意思がその規定に優先することを認める趣旨が明示されている規定は，（②　　　　　　）であるとされる。この例として，民法404条1項などがある。

　もっとも，規定自体から判別できることも，そう多くはない。その場合には，規定の趣旨から区別するほかない。この区別も容易ではないが，おおむね次のような指摘がされている。すなわち，家族秩序など社会秩序の基本をかたちづくっている規定，法律行為制度自体を構成する規定（その例として，Ⅱ2〔17頁〕の意思能力や行為能力の規定），第三者の権利・義務に関わる事柄について定める規定（その例として，Ⅴ〔47頁以下〕で扱われる各種の第三者保護規定），弱者の利益保護のための規定，といったものは（③　　　　　）とされる。そして，（③　　　　　）にあたらないものは（②　　　　　　）とされる。たとえば，民法第3編第2章「契約」の章に置かれている多くの規定は，契約の内容は当事者が自由に決められるべきであることから，特に（③　　　　　）と解すべき理由がない限りは，（②　　　　　　）だと解されている。

▶ 取締りを目的とする行政上の規定

　（②　　　　　　）と（③　　　　　　）は，主に，私法上の規定に関する区別として用いられている。このほか，法律行為の効力は，一定の行為を取り締まることを目的とする行政上の法令との関係でも，問題とされている。

　たとえば，行政上取り締まる目的で，ある行為をするには一定の行政機関の許可を受けなければならず，これに反してその行為をした場合には罰則を科す，という旨の規定がもうけられていることがある（その例として，飲食店営業や食肉販売業などの営業許可に関する食品衛生法55条・82条がある）。この場合に，その規定に反する契約が結ばれたとき，その契約の効力はどうなるか（たとえば，食品衛生法上必要な営業許可を受けずに食肉販売業を営んでいた者が食肉を買い入れた場合の，その売買契約の効力はどうなるか）が問題となる。

　伝統的な理解によれば，ここでも，その規定に反する法律行為の効力が無効とされる規定かどうかという観点から，規定が区別される。規定違反の法律行為が無効とされるものは（④　　　　　）と呼ばれ，（④　　　　　）は（③　　　　　　）の一種とされる。これに対して，規定に違反しても法律行為の効力には影響しないとされるものは（単なる，あるいは狭義の）

（⑤　　　　　）と呼ばれている。そして，ある規定がこのどちらにあたるかは，規定自体から判別できるときはそれにより，できないときは，問題となる規定の趣旨，違反行為の非難されるべき程度，当事者間の公平，取引安全といった観点から，判断していくとされる（前段落のかっこ書の中の例でいうと，食品衛生法は単なる取締法規にすぎないとして，食肉の売買契約の効力は否定されないと判断した判例がある〔最判昭和 35・3・18 民集 14 巻 4 号 483 頁（判例 30①-10)〕）。

▶ 公序良俗違反と法律行為の効力

民法 90 条によれば，（①　　　　　　）または（⑥　　　　　　　　）に反する法律行為は，無効だとされている。同条の見出しにもあるように（各自の六法で確認しよう），（①　　　　　　　）と（⑥　　　　　　　　）をあわせて，一般に（⑦　　　　　　）と呼んでいる。伝統的な理解によれば，（⑦　　　　　　）違反を理由とする法律行為の無効と，（③　　　　　　）違反を理由とする法律行為の無効とは異なるものとして区別して捉えられ，（⑦　　　　　　）違反の法律行為が無効とされるのは民法 90 条に基づき，（③　　　　　　）違反の法律行為が無効とされるのは 91 条に基づく，と考えられている。

（⑦　　　　　　）に反するとして法律行為が無効とされるのはどのような場合かは，必ずしも明確でない。これを明らかにするために，伝統的には，（⑦　　　　　　）違反に該当する類型を示すという手法がとられてきている。いくつかの例を挙げると，たとえば，犯罪（に類する）行為，家族秩序や性道徳に反する行為，暴利行為（→41 頁 Step 3），個人の自由を著しく制限する行為，といったようなものなどである。

Step
2

● 具体例で確認しよう　　　　　　　　　　　　　　　　　⇒ 答えと解説は p.119

□1　A と B との間で，A が B に 50 万円を年利（1 年あたりの利息の割合）25% として 1 年間貸し付けることが合意され，A は B に 50 万円を交付した。1 年後の返済期日に A から貸付金の返還を求められた B は，いくら返還する義務を負うか。

□2　A と B は，A 所有の甲建物を B に賃貸する契約を結んだ。この契約において，賃料は前払いとし，毎月 25 日までに翌月分の賃料を支払う旨が契約書に記載されていた。このような前払いの合意は有効だろうか。

● 設問 ●

　70代のAは，軽度の認知症を患っており，判断能力が不十分な状況にあった。Aは，ある土地（甲）を所有し，その登記名義も有していた。Aは，現金・預金だけで多額の財産を有していて生活に困るような経済状態にはなく，甲を売らなければならないような事情は特段なかった。

　折しも，不動産仲介業者Bが，甲に目をつけ，所有者のAに近づくようになった。BはAと顔なじみとなり，Aに親切に接するなどしていたことから，AはBに信頼を寄せるようになった。そうした中で，Bは，Aの判断能力が不十分であることや，Aが甲の売却を必要とするような経済状態にあるわけではないことを把握した。

　Bは，Aの判断能力が十分でないことにつけこみ，甲の入手を，しかも相場より相当安い価額で実現することができないかと考えた。そこでBは，Aの判断能力が十分でないことに乗じて言葉たくみに甲の売買契約に誘導し，甲を3000万円で売買する旨の契約書がA・B間で交わされた。この売買契約（以下「本件売買契約」という）に基づいて，甲につきAからBへの所有権移転登記がされた。契約が結ばれた当時，甲の時価は8000万円であった。

　その後，Aは，本件売買契約は公序良俗違反により無効であるとして，AからBへの甲の所有権移転登記の抹消登記を請求した。この請求は認められるか。

▽ 解答へのみちすじ ▽

・設問では，A・B両者により契約書が作成されているから，甲の売買についての両当事者の意思表示の合致があると考えられる。そのため，A・B間で甲の売買契約の成立は認められよう。

・しかし，この契約は，Aの判断能力の低下にBがつけこんで結ばれたものであり，また，そのようにして結ばれた本件売買契約における甲の代金は，時価よりも相当低額である。これらの事情などをもとに，本件売買契約が90条に基づいて無効であると主張できないだろうか。

▶ さらに先へ進んでみよう　　　　　　　　　Jump

⊙　Step 1の説明は，おおむね伝統的な理解に従った整理をしているが，強行規定違反の行為が無効である根拠は，（91条ではなく）90条に求められるとする見解がこんにち有力である。そこではどのような議論が展開されているだろうか。

⊙　90条に関しては，708条（不法原因給付）の規定との関係も問題となる。これについては，民法総則の詳しめの教科書・体系書類，あるいは，不当利得の分野で学んでみてほしい。

4 無効と取消し

Step
1

基本の説明を理解しよう　　　　　　　　　　　　　　　⇒答えは p.120

▶ 法律行為の効力の否定

> 121条　取り消された行為は，初めから無効であったものとみなす。
> 121条の2①　無効な行為に基づく債務の履行として給付を受けた者は，相手方を原状に復させる義務を負う。
> 　③　第1項の規定にかかわらず，行為の時に意思能力を有しなかった者は，その行為によって現に利益を受けている限度において，返還の義務を負う。行為の時に制限行為能力者であった者についても，同様とする。

　AとBの間で，B所有の物（甲）を10万円でAに売る旨の売買契約が結ばれた（売買契約が成立した），という場合を考えてみよう。これによりこの売買契約の効力が生ずると，たとえばBは，Aに対して代金債権を取得することになる。

　しかし，上記の売買契約が結ばれた当時，Aが意思能力を有しなかったとする。この場合，この売買契約は（①　　　）である（3条の2）（→17頁 Ⅱ2）。（①　　　）である場合，この売買契約は，成立しているにもかかわらず，その効力ははじめから生じないことになる。したがって，たとえばこの売買契約に基づいてAがBから甲の代金の支払を請求されたとしても，Aは，この売買契約は（①　　　）であって代金債権が発生することもないからこの請求に応じる義務はない，と主張することができる。また，Aがすでに代金を支払っている場合には，Bは無効な行為に基づく債務の履行として給付を受けたことになるから，BはAを（②　　　　　　　）義務を負う（代金をAに返還しなければならない）（121条の2第1項）。

　あるいは，上記の売買契約が結ばれた当時にAは意思能力を有していたけれども，Aは補助開始の審判を受け補助人Cが選任されており，この売買契約はCの同意権の対象のものであったとする。このとき，Cの同意もこれに代わる家庭裁判所の許可もなくAがこの契約を結んだのであれば，この契約は（③　　　　）すことができる（17条4項〔ただし，21条も参照〕）（→19頁 Ⅱ2）。そして，（③　　　　）されたときは，これにより，この契約ははじめから（①　　　）であったとみなされる（121条。取消しの効果がはじめに遡って及ぶ，ということから，これを取消しの（④　　　）という）。したがって，たとえばA・B間の代金債権をめぐる関係は，この売買契約が取り消された後は，上記の意思無能力の場合について述べたのと同じことがあてはまることになる。

　以上のように，法律行為の成立が認められても，その効力の発生が否定されることがある。そして，この否定のされ方には，大きく分けて2つのものがある。1つは，その効力ははじ

めから当然に生じない，というものであり，これが（①　　　）である。もう１つは，いったんは発生する効力が，それを否定する当事者の意思表示により，はじめから発生しなかったとみなされる，というものである。このような当事者の意思表示を，（⑤　　　）という。

▶ 無効（な行為）と取消し（が可能な行為）の比較

> 119条　無効な行為は，追認によっても，その効力を生じない。ただし，当事者がその行為の無効であることを知って追認をしたときは，新たな行為をしたものとみなす。
> 120条①　行為能力の制限によって取り消すことができる行為は，制限行為能力者（他の制限行為能力者の法定代理人としてした行為にあっては，当該他の制限行為能力者を含む。）又はその代理人，承継人若しくは同意をすることができる者に限り，取り消すことができる。
> 　②　錯誤，詐欺又は強迫によって取り消すことができる行為は，瑕疵ある意思表示をした者又はその代理人若しくは承継人に限り，取り消すことができる。
> 122条　取り消すことができる行為は，第120条に規定する者が追認したときは，以後，取り消すことができない。
> 126条　取消権は，追認をすることができる時から５年間行使しないときは，時効によって消滅する。行為の時から20年を経過したときも，同様とする。

　法律行為が無効である場合，その効力ははじめから生じない。そして，無効である——効力が発生し（てい）ない——という主張は，誰からでも，誰に対してでも，することができるのが原則だとされている（もっとも，たとえば意思無能力による無効は，表意者を保護する制度であることを理由に，表意者側からのみ無効主張を認めるとする見解が有力である）。また，後でみる取消しの場合と異なり，無効な行為は（⑥　　　）によってもその効力を生じない（119条本文）し，無効主張についてその期間を制限する一般ルールも存在しない。

　これに対して，取消し可能な行為は，取り消されるまでは有効である。そして，取消し可能な行為を取り消すことができる者は，民法上，一定の者に限定されている。取消し可能な行為を取り消すことができる者（この者を，（⑦　　　　　）という）は，120条所定の者に限られているのである。

　加えて，取消し可能な行為であっても，もはや取り消すことができなくなる場合がある。122条が定める（⑥　　　）がその１つであり，同条によると，（⑧　　　）条に規定する者（（⑦　　　　　））による（⑥　　　）があると，それ以後はその行為を取り消すことができなくなる。いつから（⑥　　　）をすることができるか（（⑥　　　）をすることができる時はいつからか）については，124条が定めている（より詳しくは→44頁 Step 3）。

　また，取消権には期間の制限がある。126条によると，取消権は，（⑥　　　）をすることができる時から（⑨　　　）年間行使しないときは，時効によって消滅する（同条前段）。（⑩　　　）の時から（⑪　　　）年を経過したときも，同様である（同条後段）。

　（⑥　　　）や期間の経過により取消しができなくなると，取消し可能であった行為は，取消しによりその効力が否定されることはなくなることが確定する。

AとBとの間で，A所有の甲土地をBに売る旨の契約が結ばれた。この売買契約が結ばれた当時，Aは保佐開始の審判を受けており，保佐人Cが選任されていた。Cに代理権を付与する旨の審判はされていなかった。

□1　この場合に，行為能力制限違反を理由にこの契約を取り消すことができることがあるか。できることがあるとして，取り消すことができるのは誰か。

□2　1において，AがBとの間で結んだのが日用品の購入にかかる売買契約であり，この契約がBの詐欺により結ばれたものであった場合はどうか。

● 設問 ●

　Aは，Bとの間で，Aが所有する自転車甲を代金50万円でBに売る旨の契約を結んだ（以下「本件売買契約」という）。本件売買契約に基づき，AはBに甲を引き渡し，BはAに代金50万円を支払った。本件売買契約の締結と甲の引渡し・代金の授受がされた当時から現在まで，Aは17歳であり，Aの親権者としてCがいる。

　Aは，学校の授業で，民法4条〜6条や120条の規律の基本的な内容を知っており，本件売買契約をCの同意を得ずに自分ひとりで結ぶと取消し可能な行為となることや，その場合には誰が取り消すことができることになるのか，といったことも認識していたが，本件売買契約を結ぶことについてCに相談することはなかった。

（1）　その後，本件売買契約を考え直したいと考えたAは，事の次第をCに打ち明け，そこで初めてCは以上の事実を知った。AとCは，相談の結果，契約締結当時にAは未成年者だったことを理由に契約を取り消すのがよい，という結論に至った。

　そこで，Aは，Bに対して，本件売買契約を取り消す旨の意思表示をした。するとBから，「そうであれば，私（B）が支払った50万円を1円残らず返してほしい」との返答があった。Aはこの時点で，Bから受け取った50万円のうち，5000円を学校で使う消耗品の文房具代として費消していた。これは，いつもはAが自分のお小遣いから支出して定期的に購入していた物であった。購入した文房具はすべて使い切ってしまっており，物は残っていない。また，一度に50万円ものお金を手に入れて気が大きくなったAは，このうちの9万5000円をゲームセンターで浪費してしまっていた。残りの40万円は，使用せずにそのままにしてある。

　この場合，AはBに対して，何をどれだけ返還する義務を負うか。

（2）（1）と異なり，Aは，本件売買契約を追認したいと考えている。AがCの同意を得ずに追認することはできるか。できるとしていつから可能か。

▽ 解答へのみちすじ ▽

・前提として，本問における売買契約の取消しの根拠と，この場合に本件売買契約を取り消すことができる者に該当するのは誰かを確認しよう。

・取消しにより無効とみなされる行為に基づく債務の履行として給付を受けた者は，相手方を原状に復させる義務を負う（121条の2第1項）が，返還義務の範囲について，121条の2第2項・3項に特則がある。そこにいう「その行為によって現に利益を受けている限度」とは，一般にどのような意味とされているか，確認しよう。

・追認については，124条に要件が規定されている。124条の意義を確認しよう。

▶ さらに先へ進んでみよう　　　　　　　Jump

◉ Step 3 において，売買契約の締結当時にAは17歳であったが，この契約に基づき甲の引渡しと代金の授受がされたのは，Aが19歳になってからであったとする。

125条には，一定の事実があったことにより追認があったとみなす旨が定められている。これを法定追認というが，125条は，同条が掲げる一定の事実が「追認をすることができる時以後」に生じたことを法定追認の要件としている。

この「追認をすることができる時」とはどのような事情が生じた時のことをいうかについては，複数の捉え方がありうる。平成29年改正前の124条・125条の規定や旧規定のもとでの判例（大判大正12・6・11民集2巻396頁〔百選Ⅰ-36〕）なども参照し，それがどのような議論であるかを確認するとともに，どのような考え方が妥当だと考えられるか，検討してみよう。

意思表示

Approach

□1 心裡留保・虚偽表示

　表意者が意図的に真意に反する意思表示をする場合として,「心裡留保」「虚偽表示」という2つのパターンがある。これらに該当する場合,意思表示の効力がどうなるのか,第三者が出現した場合も視野に入れて,確認しよう。

□2 94条2項類推適用

　94条2項は,意思表示の有効性に対する信頼保護を規律している。ここから,権利帰属の外観に対する信頼保護を図るための一般法理を抽出することによって,不動産取引の安全を図るための法理が形成されているが,それはどのような法理か,確認しよう。

□3 錯誤

　表意者が意図せずに不本意な意思表示をする場合は「錯誤」が問題となる。錯誤による意思表示の効力を否定することができるのはどのような場合か,また,意思表示の目的に利害関係をもつ第三者が出現した場合にはどうなるのか,確認しよう。

□4 詐欺・強迫

　表意者が,他人からだまされて,または脅されて,不本意に行った意思表示の効力はどうなるのか,第三者が出現した場合も視野に入れて,確認しよう。

1 心裡留保・虚偽表示

Step

1

● 基本の説明を理解しよう　　　　　　　　　　　　　　　　⇒答えは p.124

▶ 意思表示の成立と効力

　人は，必要に迫られて，あるいは便宜から，心にもないことをあえて言うことがある。意思表示をする際にもしばしばそのようなことが起きる。たとえば，甲別荘を所有しているＡが，甲をＢに贈与する気がないのに，Ｂをからかうつもりで「甲をあげる」と言い，Ｂが「ありがたく頂戴します！」と応じた場合や，Ａが，本心では甲を売るつもりがなく，債権者による差押えを逃れるためだけに，近親者Ｃに甲を売る契約を締結し，所有権移転登記をする場合などが考えられる。

　ここでは，このように，相手方のある意思表示において，表意者（意思表示をした者）が表示された内容に対応する真意を有しない場合に，意思表示の効力はどうなるかについて考えてみたい。その際，意思表示が行われる典型例である契約を検討の素材とする。仮に当事者の内心の意思の合致が契約の成立要件であるとすれば，上の例のような場合，Ａは甲を贈与または売却する意思を有していないことから，いずれも契約が成立しないことになる。しかし，当事者の内心の意思が合致していなくても，申込みと承諾の意思表示が客観的に合致すれば契約は成立する（522条1項）ものとされている（→35頁 Ⅳ2）。

　そこで，契約を組成する意思表示が当事者の一方または双方の真意に基づいていない場合に，その意思表示の効力はどうなるのか，その結果として，意思表示の合致により成立した契約の拘束力にどのように影響するのか，という形で問題が提起されることになる。

▶ 心裡留保・虚偽表示

> 93条① 意思表示は，表意者がその真意ではないことを知ってしたときであっても，そのためにその効力を妨げられない。ただし，相手方がその意思表示が表意者の真意ではないことを知り，又は知ることができたときは，その意思表示は，無効とする。
> 94条① 相手方と通じてした虚偽の意思表示は，無効とする。

　民法は，意思表示の効力について，当事者の一方（表意者のみ）が真意でない意思表示を意図的にする場合と，表意者と相手方の双方が真意でない意思表示を意図的にする場合とに分けて規律している。

　すなわち，表意者が真意でないことを知りながら一方的にする意思表示は（①　　　　　）と呼ばれ，原則として，その意思表示は（②　　　　）とされている（93条1項本文）。表意者に表示に対応する真意がないことを相手方は当然には知ることができない。そのため，表示

が表意者の真意に基づいたものであろうと信頼した相手方の利益を保護する必要があるからである。もっとも，真意でないことを相手方が知っている場合や，取引上要求されるべき注意を払っていれば知ることができた場合は，相手方の信頼を保護する必要性が存在しないか，乏しいとみることができるから，そうした場合に限り，意思表示は（③　　　　）とされている（同項ただし書）。

　他方，表意者が相手方と通じて，真意を欠く意思表示をする場合は（④　　　　　）と呼ばれ，その意思表示は（⑤　　　　）とされている（94条1項）。契約当事者の双方が表示に対応する真意を有していない以上，表示に対する相手方の信頼保護を考慮する必要はない。また，意思表示が表意者の意思の実現を目的とするものである以上，真意に基づかない表示に法的拘束力を認めるべきではなく，そうする必要もないからである。

▶ 無効な意思表示の第三者に対する効力

> 93条②　前項ただし書の規定による意思表示の無効は，善意の第三者に対抗することができない。
> 94条②　前項の規定による意思表示の無効は，善意の第三者に対抗することができない。

　このように，意思表示は，意図的に真意に基づかない表示がされるなど，その成立過程に効力発生を妨げるべき一定の事由がある場合に，無効とされる。たとえば，AがBに甲を贈与する贈与契約が無効とされると，Bは甲の所有権を取得することができない。このとき，Bが甲をCに売却していたとすると，所有権を有しないBと取引したCも同様に甲の所有権を取得することができない。これを無権利の法理という（→52頁　V2）。

　そこで，意思表示が無効とされる場合，その無効が第三者との関係にどう影響するのかが問題となる。たとえば，Aによる心裡留保に基づく贈与につき悪意の相手方Bが，贈与を受けた甲をCに売却した場合，あるいは，AがBと通じて虚偽表示により甲の売買契約を締結した後で，Bが甲をCに転売した場合，Aは，Cに対しても，A・B間の贈与または売買が無効であるから，甲の所有権はBに移転することなく，なお自己に帰属している（したがって，Cは甲の所有権を取得できない）と主張することができるであろうか。

　契約は，当事者間で私的に交わされるものであり，第三者はその内容を当然には知りえない。そして契約当事者が意思表示に対応する真意を有していたかどうかを第三者が間違いなく確認しうる方法はない。もし意思表示が表意者の一方または双方の真意に基づいておらず無効であるという主張が常に認められるとすれば，当該意思表示が有効であることを前提に，その表示の目的（上の例でいうと甲）につき法律上の利害関係をもつに至った第三者の法的地位は著しく不安定なものとなり，取引の安全を害することになる。

　そこで，心裡留保または虚偽表示に基づく意思表示の無効は，そのことを知らなかった（⑥　　　　）の第三者に対抗することができないものとされている（93条2項・94条2項）。第三者に過失があったかどうかは問われない。これらの場合，表意者が意図的に真意に反する表示をしている点において共通しており，表示に対する表意者の帰責性の度合いが大きいとみられることから，第三者は（⑥　　　　）でありさえすれば，その信頼は正当なものと評

価されてよいと考えられるからである。

Step
2
● 具体例で確認しよう ⇒ 答えと解説は p. 124

□1　Ａは，債権者から差押えを受けることを回避する目的で，Ｂと通謀して（示し合わせ
　　て），自己が所有する甲別荘をＢに売る契約を締結し，ＡからＢへの所有権移転登記がさ
　　れた。その後，Ｂはなじみの不動産業者Ｃとの間で，甲をＣに転売する契約を締結した。
　　ＣはＡ・Ｂ間の売買が虚偽表示によるものであることを知らなかった。Ｃは甲の所有権を
　　取得することができるか。

□2　上司Ａから転勤の打診をされた部下Ｂが，転勤に難色を示したところ，Ａは，自らが
　　所有する甲自動車（時価400万円）を内心売るつもりはないのに，「転勤先では自動車がな
　　いと不便だから，甲を特別価格の10万円で売ってやる」と言い，車好きのＢはこの申出
　　に心を動かされ，「ありがとうございます」と答えて，転勤を内諾した。転勤の辞令交付
　　後，Ａは，「甲を売るつもりはなかった。中古でもあのクラスの車を10万円で売るとい
　　う話を真に受けるのは社会人としてどうか」と言って，甲の売買契約の無効を主張した。
　　Ｂは，甲の所有権を取得することができるか。

Step
3
● 事例問題に挑戦しよう ⇒ 解説と解答例は p. 125

● 設問 ●

　　Ａは，債権者からの差押えを免れるため，Ｂに事情を話して，自己が所有する甲土地につ
きＢと売買契約を締結し，甲につきＡからＢへの所有権移転登記をした。ほとぼりが冷め
た頃にＢは甲の登記名義をＡに戻す約束になっていた。しかし，その後，Ｂは，勤務先の
業績不振にともない失職したため生活に困窮し，Ａには悪いと思いつつ，Ａ・Ｂ間の上記事
情を知らないＣに甲を売り渡し，Ｃは甲をさらに事情を知るＤに売り渡し，ＢからＣ，Ｃ
からＤに所有権移転登記がされた。売買契約から6か月後に，甲の登記名義がＤになって
いることを知ったＡは，Ｄに対して，所有者は自分であると主張し，甲の登記名義を自己
に回復するようＤに求めた。Ａの請求は認められるか。

▽ 解答へのみちすじ ▽
・Ａ・Ｂ間の売買契約は，虚偽表示によるものであり無効とされる（94条1項）。ただし，この
　無効は，善意の第三者に対抗することができない（同条2項）。
・Ａ・Ｂ間の売買契約の後，Ｃ，Ｄが甲の買主となっているが，Ｃ，Ｄは94条2項の第三者に

あたるだろうか。すなわち，同項の善意の「第三者」とはどのような者をいうかが問題となる。

・Bから虚偽表示の目的である甲を善意で譲り受けたCからの転得者Dが出現した場合に，Dが悪意でも甲の所有権を取得できるかが問題となる。

・Dの善意・悪意が問題になるかどうかについては，絶対的構成と相対的構成の2つの考え方がある。それぞれの考え方のメリット・デメリットを検討したうえで，より優れた構成を選択する必要がある。

▶ さらに先へ進んでみよう　　　　　　　　　Jump

⊙　Step 3の設問を変形し，Aが甲を虚偽表示によりBに譲渡し，Bが善意のCに譲渡した後，Aが甲をEに売却し，AからEへ所有権移転登記がされた場合（Dは登場しないものとする），CはEに対して甲の登記名義を自己に移転するよう求めることができるか。

⇒ 最判昭和42・10・31民集21巻8号2232頁

2　94条2項類推適用

Step
1

● 基本の説明を理解しよう　　　　　　　　　　　　　　　　⇒答えは p. 127

▶ 類推適用とは

　法律にはすき間がつきものであり，生じうるさまざまな利益調整のための条文をあらかじめ準備し尽くすことは不可能である。立法者が想定していない問題についても法律の解釈に基づく解決の道を開いておく必要がある。そこで，直面している問題と類似した場面を規律する条文を探し出し，その規定を類推してあてはめるという解釈手法が用いられることがある。このように制定法（法律）の欠缺（すき間）を解釈によって補充する作業を類推適用という。

　もっとも，少し似ているというだけで安易に類推適用に頼ることは許されない。すなわち，ある規定Xが想定する事態Sに対してYという法律効果を定めているとしよう。このとき，直面する事態S′がSと本質的な点において類似しており，事態Sに対するのと同様の法律効果を付与することが適切であると考えられる（S≒S′と評価できる）場合に限り，事態S′に対しても，Yという法律効果を付与することが正当化される。

▶ 無権利の法理と不実登記に対する信頼保護の必要性

　「何人も自己が有する以上の権利を他人に移転することはできない」というローマ法以来の法原理は，今もなお生きている。他人の所有物をその人に無断で売る契約をしても，それだけで所有権移転の効果は生じない。この不文の法理は「無権利の法理」と呼ばれている。

　たとえば，BがA所有の甲不動産をAから購入する旨の売買契約書をAに無断で偽造し，自己への所有権移転登記をしたうえで，Cに売り渡したとする。このとき，Aが甲の所有権を保持することに変わりはなく，Bは無権利者であるから，Cは，Bと売買契約を結んで所有権移転登記を備えたとしても，そのことだけで甲の所有権をBから取得することはない。よって，原則として，Aは，実体の法律関係に合わない不実の登記名義を有するCに対して，所有権に基づき登記名義を自己に回復するよう求めることができる。

　ところで不動産登記は，国が設置・管理する公的な制度であり，登記された情報は原則としてその内容を正当なものであると信頼してよいはずである。しかし，民法典の中に，上の例に挙げたような無権利者Bの不実登記を過失なく信頼して購入したCの権利取得を認める規定は存在していない（動産に関しては，占有に対する信頼を保護する即時取得〔192条〕の定めがあるが，これに相当する規定が不動産にはない）。不動産に関しては，その財産の特性に照らし，真の権利者の失権を正当化できる特別の事情が認められない限り，他人の勝手な行為によりその権利を失うようなことがあってはならないと考えられるからである。不実登記

に対する信頼を保護する効力が当然には認められない，つまり登記に公信力がない，といわれるゆえんである。

しかし，不実登記が作出された経緯次第では，たとえば真の権利者に相応の帰責性が認められる場合など，不実登記を信頼して取引した者を保護する必要もあると考えられる。

check ✔

- （①　　　　）の法理：人は自己が有する以上の権利を他人に移転することはできない。

- 不動産登記の（②　　　　）欠如：不実登記に対する信頼は当然には保護されない。

▶ 94 条 2 項類推適用法理の誕生

ここで「虚偽表示」の項目（→48頁 VI）で学んだことを思い出してみよう。94条2項の典型的な適用事例は，Aが債権者による差押えを免れる目的で，Bと通謀して（示し合わせて）自己が所有する甲不動産につき売買契約を仮装し，Bへの所有権移転登記をしたところ，Bが事情を知らないCに甲を譲渡した場合であった。このとき，A・B間の売買は虚偽表示のため無効であるが，Aは無効を善意のCに対抗することができず，善意のCは甲の所有権を取得することができる。

この事例と異なり，Aが甲をその所有者Zから購入して代金も支払い，その所有権を取得したが，配偶者Bとも相談のうえ，便宜上Bが買ったことにし，ZからBへの所有権移転登記をしたとしよう。その後Bが事情を知らないCに甲を譲渡した場合，無権利の法理によれば，Cは甲の所有権を取得することができない。しかし，虚偽の外形を信頼して取引した善意のCを保護する必要がある，また，AがBと通じて意図的に虚偽の外形を作出したという本質的な点において，虚偽表示がA・B間でされた上の1つめの事例と差がない。それにもかかわらず，この場面においてはCの信頼がおよそ保護されないというのはいかにもバランスが悪い。

そこで，Cが信頼した外形が意思表示ではなく，登記名義である場合においても，不実登記という虚偽の外形に対するCの信頼を94条2項の類推適用により保護すべきものとされている。この例のように，AがBと通じて，真実の権利関係と異なる（Bに所有権が帰属しているという）虚偽の外形を自ら作出し，第三者Cがその外形を信頼して表示の目的につき取引関係に入っていることから，94条2項の適用事例と本質的に類似していると評価できる場合に，同項の類推適用を認めるのである。このときCが保護されるには，善意であればよい。

▶ 94 条 2 項類推適用法理の発展

次に，（ⅰ）AがBの了承を得ることなくB名義の不実登記を作出した場合，（ⅱ）BがAの了承を得ることなく作出した不実登記をAが事後に承認した場合において，その不実登記を信頼した善意のCは保護されるべきだろうか（→55頁 Step 2）。これらの場合はA・B

間に通謀がない以上，94条2項と本質的な点において類似しておらず，類推適用は困難であるようにも思われる。

　しかし，結論からいえば，（ⅰ）（ⅱ）いずれも，94条2項が規律する場合と本質的に類似しているものと考えられている。すなわち，表意者の帰責根拠として，通謀の有無は本質的ではなく，同項は，真の権利者が，自らの意思により外形を作出した場合，または，他人が作出した外形の存続を承認した場合，換言すれば，虚偽の外形に意思的に関与した場合を規律するものであると理解されているのである。そしてこのときの真の権利者の帰責性は虚偽の外形に対する意思的関与という重大なものであることから，第三者は善意であればその信頼は正当なものと考えられる。外形を真の権利者が作出した場合のほか，外形の存在を知りながらあえて放置した場合なども含め外形を承認した場合も，意思的関与という評価において同等に扱うことができるから，いずれの場合も第三者が保護されるには善意で足りる。

　このように現在では，94条2項の文言から離れて，虚偽の外形に対して意思的に関与した者は，その外形を正当に信頼した者を保護するため，その外形に対して責任を負うべきであるとする法理が民法に内在しているという理解が採用されている。学説では，権利外観法理という一般的法原理がこのような解釈を支えているという類の説明がされることもある。すなわち，民法には不文の一般原理として，(1)虚偽の外形の作出，(2)真の権利者が権利を失っても仕方がないと考えられる事由（帰責性），(3)虚偽の外形に対する正当な信頼の存在，を大枠とする，権利外観一般に対する信頼保護法理が存在し，94条2項はそのような一般原理の具体化の1つの形態として位置づけられるというわけである。

▶ 94条2項類推適用法理のさらなる拡張

　このように抽象化して制度趣旨を把握することにより，94条2項類推適用法理の射程をさらに拡張する基盤が整えられた。すなわち，権利外観法理という一般法理を観念することにより，94条2項を，全く別の問題を扱う他の民法上の規律と連続的に位置づけることも可能になる。たとえば表見代理に関する110条は，代理して法律行為を行う権限を付与された者がその権限外の代理行為をした場合において，第三者が代理人の権限があると信ずべき正当な理由があるときに，本人は代理人が行った代理行為の効果に拘束されることを定めている（→82頁 Ⅵ4）。110条も，代理における取引の安全を図る特殊な制度であるにとどまらず，(1)代理人が当該代理行為につき代理権を有するとの外形が存在すること，(2)本人が責任を負っても仕方がないと考えられる事由（帰責性）があること，(3)代理人が外形どおりの代理権を有することに対する正当な信頼が存在すること，を要因とするもので，94条2項と同様に，権利外観法理の具体化の1つであるとみることもできるというわけである。

　ここでさらに，（ⅰ）ある外形に真の権利者の意思的関与が認められ，その外形が名義人の越権行為により変形された場合（→56頁 Step 3）や，（ⅱ）真の権利者の意思的関与が認められなくてもそれと同程度の重い帰責性が認められる場合（→56頁 Jump）を考えてみよう。このような場合も，第三者の信頼を保護する必要があると考えられている。もっとも，これらの場合は94条2項類推適用本来の射程から外れている。そこで，第三者が取引上要求さ

れる注意を払っていたにもかかわらず登記が不実のものであると知りえなかった場合，つまり善意かつ無過失である場合に限り，権利外観法理に則り94条2項・110条の法意または類推適用によることで，その信頼を保護する仕組みが構築されている。

check ✅

- 94条2項類推適用
  - （③　　　）による虚偽の（④　　　）の作出　　　　→第三者保護要件：（⑤　　　）

    ⇐制度趣旨の抽象化……権利外観法理という考え方

  - 虚偽の（④　　　）に対する（⑥　　　）的関与あり　　　→第三者保護要件：（⑤　　　）

- 94条2項・110条の法意・類推適用
  - 虚偽の（④　　　）に対する（⑥　　　）的関与なし
    - 真の権利者の（⑥　　　）的関与がある虚偽の（④　　　）が越権行為により変形され，第三者がその変形された（④　　　）を信頼

      or
    - （④　　　）への（⑥　　　）的関与と同等の（⑦　　　）帰責性あり
      　　　　　　　　　　→第三者保護要件：（⑤　　　）かつ（⑧　　　）

Step
2

● 具体例で確認しよう　　　　　　　　　　　　　　⇒答えと解説は p. 127

□1　Aは店舗営業用の建物を購入するための代理権を愛人Bに付与し，Bは，Aの代理人としてZから甲建物を購入する売買契約を締結し，甲はAに引き渡された。Aは，甲を無償でBに使用させつつ，Bが所有しているように見せかけるため，Bと相談のうえ，ZからBへの所有権移転登記をした。その後，Bは事情を知らないCに甲を自己の所有物として売却し，Cへの所有権移転登記がされた。Aは，Cに対して登記名義の回復を求めることができるか。

□2　Aは，Bから資金援助を受けて，甲建物を購入し，自己への所有権移転登記をし，甲においてBと同棲していた。その後，Bは，甲にかかるA・B間の売買契約書を勝手に偽造し，AからBへの所有権移転登記をした。Aは，Bが不実登記をした事実を知りつつも，Bと入籍したこともあり，登記名義の回復を求めることもなく，自己のDに対する借入金債務を担保するため，Bを代理して甲に抵当権を設定し，抵当権設定登記も行った。その後，A・B間の関係が悪化し，Bは事情を知らないCに甲を譲渡し，Cへの所有権移転登記がされた。Aは，Cに対して登記名義の回復を求めることができるか。

● 設問 ●

　Aは，会社Pの代表取締役を務める知人Bから，個人名義の資産を有していないと取引先の信用を得られないから，便宜上，Aが所有する甲不動産の所有権を取得する見込みがあることを形で示したいと乞われ，甲につきAからBへの売買予約を仮装し，Bのための所有権移転登記請求権保全の仮登記をした。その後，Bは，甲の所有権移転登記に関する本登記手続につきAの委任状を偽造し，AからBへの所有権移転登記をしたうえで，事情を知らないCに甲を売却し，BからCへの所有権移転登記をした。Aは，Cに対して，甲の登記名義を自己に回復するよう求めた。Aの請求は認められるか。

▽ 解答へのみちすじ ▽

・AはBと売買予約を仮装し，所有権移転登記請求権を保全するため仮登記をしている。仮登記とは，不動産につき，物権変動が生じていなくても，権利の設定，移転，変更または消滅に関する請求権を有する者（不動産登記法 105 条 2 号）などに認められる暫定的な権利保全手段である。仮登記がされても登記上Aが甲の所有者の名義を保持するが，物権変動が効力を生じ，仮登記が本登記に改められると，Bが甲の所有者の名義を得るとともに，仮登記の時点を順位とする対抗力が認められる（同法 106 条）。

・Bは仮登記をすることについてはAの承諾を得たものの，その後，Aに無断で仮登記を本登記に改めて，自己が甲の所有者であるという登記上の外形を作り出している。

・Cは，Bが甲の所有者であるという登記上の外形を信頼して，甲を譲り受けているが，Cの信頼した外形に対するAの意思的関与は認められない。外形に対する関与が間接的であり，外形の作出・存続に対するAの帰責性は重大なものとまではいえない。

・このような場合において，Cは，94 条 2 項類推適用または 94 条 2 項・110 条の法意・類推適用により甲の所有権を取得することができるかが問題となる。

▶ さらに先へ進んでみよう　　　　　　　　　　　Jump

◉　Aは不動産業者Bを通じて購入した甲土地の管理全般をBにゆだね，そのために必要な代理権を与えていた。その後，BはAから預かった実印および登記識別情報を使用して，Aの面前で甲をAがBに売却する旨の売買契約書および所有権移転登記手続に必要な書類を整え，所定の欄にAの氏名および住所等の必要情報を自書するよう求めた。Aは，書類の内容を確認することなく，いわれるまま必要情報を自書し，Bに交付した。この書類に基づき，Bは，甲の売買に基づくAからBへの所有権移転登記をし，Bは甲を直ちにCに売り渡した。この場合，Aは自己が甲の所有者であることをCに対して主張することができるか。

⇒ 最判平成 18・2・23 民集 60 巻 2 号 546 頁（判例 30①-14，百選 I-21）

3　錯誤

⇒答えは p. 129

● 基本の説明を理解しよう

Step
1

▶ 錯誤とは

　錯誤とは，日常用語にいう「勘違い」や「意図しない間違い」を意味する法律用語である。誰でも，契約の申込みや承諾の意思表示をする際に，事実の認識や理解を誤ったり，表現を誤ったりして，結果的に不本意な意思表示をしてしまった経験が1つや2つはあるだろう。そのような場合に，錯誤をした表意者が「そんなつもりではなかった」と言って契約をなかったことにできるとすれば，その意思表示を表意者の本意によるものと信頼した相手方に不測の不利益を与えてしまう。そこで，民法は，95条のとおり定め，「錯誤」を理由に表意者が意思表示をなかったことにできるための要件を厳しく限定することにより，意思表示の拘束力から免れたいという表意者の利益保護と，表意者の意思表示を信頼して取引関係に入り，当該意思表示の拘束力を主張したい相手方の利益保護との調整を図っている。

> 95条①　意思表示は，次に掲げる錯誤に基づくものであって，その錯誤が法律行為の目的及び取引上の社会通念に照らして重要なものであるときは，取り消すことができる。
> 　　一　意思表示に対応する意思を欠く錯誤
> 　　二　表意者が法律行為の基礎とした事情についてのその認識が真実に反する錯誤
> 　②　前項第2号の規定による意思表示の取消しは，その事情が法律行為の基礎とされていることが表示されていたときに限り，することができる。

　錯誤が95条所定の要件をみたす場合でも，意思表示は当然になかったことにできるわけではない。表意者に取消権が与えられることとされており，表意者は，当該意思表示を追認することもできれば，取り消すこともできる（→43頁 Ⅳ4）。取り消されると，意思表示は行為時に遡って無効であったものとみなされる（121条）。これを取消しの遡及効という。

　このように，意思表示の取消しは，意思表示の不成立または無効と区別され，意思表示が一度は有効に成立したことを前提とする。

▶ 95条の対象となる錯誤

（1）　表示錯誤と基礎事情錯誤

　意図しない間違いには，いくつかのパターンがある。民法は，意思表示の有効性に影響を及ぼしうる錯誤を，「意思の不存在の錯誤」と「基礎事情の錯誤」の2つに大別している。意思の不存在の錯誤とは，たとえばインターネットで商品を購入する際10個と入力すべきところ100個と入力した場合のように，表意者が意思表示に対応する（効果）意思を有していない錯誤をいう（95条1項1号）。従来（平成29年の改正前）「表示錯誤」と呼ばれていた

類型がこれにあたる。基礎事情の錯誤（基礎事情錯誤）とは，たとえば将来開発により地価が上がるだろうと見越して不動産を購入したところ，実はその時点で開発の計画はすでに中止になっていた（そのことを知らずに契約をした）場合のように，表意者が法律行為の基礎とした事情について，その認識が真実に反する錯誤をいう（同項2号）。この場合は，当該事情が法律行為の基礎とされていることが表示されていた場合に限り，95条の対象となりうる（同条2項）。

（2） 錯誤の重要性

そして，95条においては，些細な点に関する錯誤は問題とされず，意思表示をするかしないかの判断に影響を及ぼすほどに重要な点に関する錯誤のみが対象となる（同条1項柱書）。たとえばイベントで使用するもち米10 kgを注文するつもりでいたが，発注書類を準備した事務担当者の記入ミスでもち米15 kgとして発注した場合，余りの分は保管しておいて別の用途にも容易に転用できる以上，錯誤の重要性は原則として否定されるべきことになろう。

▶ 要件

錯誤を理由に，表意者が意思表示の効力を否定するためには，当該錯誤が，（ⅰ）意思表示に対応する（①　　　）を欠く場合か，（ⅱ）表意者が法律行為の（②　　　）とした事情についてのその（③　　　）が（④　　　）に反する場合のいずれかに該当し，かつ，その錯誤が法律行為の目的および取引上の社会通念に照らして（⑤　　　）なものでなければならない。

加えて，（ⅱ）の類型の錯誤に関しては，当該事情が法律行為の（②　　　）とされていることが（⑥　　　）されていることが必要である。

▶ 効果

95条が定める錯誤の要件がみたされると，表意者は，その意思表示を（⑦　　　）することができる（同条1項柱書）。意思表示が（⑦　　　）されると，その意思表示ははじめから無効であったものとみなされる（121条）。

▶ 表意者の帰責性

> 95条③　錯誤が表意者の重大な過失によるものであった場合には，次に掲げる場合を除き，第1項の規定による意思表示の取消しをすることができない。
> 一　相手方が表意者に錯誤があることを知り，又は重大な過失によって知らなかったとき。
> 二　相手方が表意者と同一の錯誤に陥っていたとき。

上記95条1項および2項の要件をみたす場合でも，錯誤における表意者の帰責性が大きい場合，すなわち錯誤につき表意者に（⑧　　　　　）が認められる場合は，原則として，意思表示を取り消すことはできない（同条3項柱書）。取り消すことができるかどうかの判断には，錯誤の重要性のみならず，錯誤をした表意者の帰責性の度合いも考慮されるのである。

もっとも，この原則には2つの例外がある。そもそも表意者に（⑧　　　　　）がある場合に取消しを認めないのは，意思表示に対する相手方の信頼を保護する必要があるからで

ある。相手方の信頼保護の要請が働かない場合には，表意者の帰責性の大きさを勘案する必要がない。そこで，（ⅰ）相手方が表意者に錯誤があることを知り，または（⑨　　）によって知らなかったとき（95条3項1号），（ⅱ）相手方が表意者と（⑩　　　）の錯誤に陥っていたとき（同項2号）は，表意者はたとえ（⑧　　　　　　）があっても意思表示を取り消すことができる。

check ✅

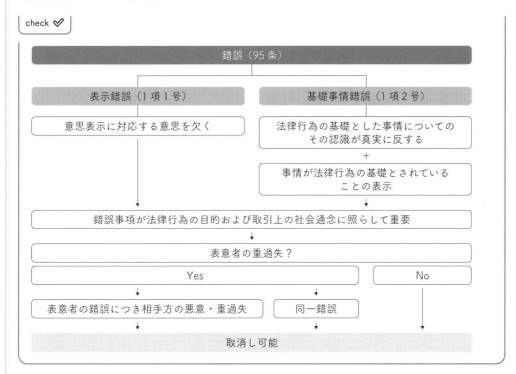

▶ 第三者の保護

> 95条④　第1項の規定による意思表示の取消しは，善意でかつ過失がない第三者に対抗することができない。

　ここまでは，表意者と相手方の関係について述べてきたが，第三者が意思表示の目的である物について取引関係に入ることもある。たとえば，AがBに絵画甲を売るという売買契約が，Aの錯誤を理由に取り消されたとする。ところが，Aが取消しをする前に，Bが甲をCに売り渡していた場合，甲の所有権をBから取得したと考えているCの利益にも配慮する必要がある。

　取消しがされると，遡及効によりBは所有権を有していなかったことになり，Cも所有権を取得できないこととなる（→52頁 V2）。しかしCは，A・B間の売買が錯誤によるものであったという，契約当事者間における内部事情を当然に知りうる立場にはない。錯誤という取消原因が存在したことを知らず，かつそのことにつき過失がない第三者を保護する必要がある。そこで，95条4項は，錯誤による意思表示の取消しを（⑪　　　　　　　　）の第

三者に対抗できないものとしている。

Step 2 具体例で確認しよう　⇒答えと解説は p. 129

□1　Ａは輸入業者Ｂからフィリピン・バナナ 100 カートン分を購入する際，バナナ 1 カートンを 18 kg 相当と考えて売買代金額を算定したうえでＢと売買契約を締結したが，Ａ・Ｂ間の取引に適用されるべき換算基準によると 1 カートンを 13 kg 相当として売買代金額を算定すべきことが判明した。Ａは，錯誤を理由として，バナナ 100 カートンの売買契約を取り消すことができるか。

□2　不動産業者Ａは，自己が所有する甲土地をＢに売る契約（以下「本件売買契約」という）を締結した。本件売買契約締結に際し，Ｂは，甲の周辺地域に開発計画があることから，将来大幅な値上がりを期待できると考えて，比較的高額の代金を支払うことに合意した。ところが，その後，本件売買契約締結の時点で甲周辺の開発計画の中止がすでに決まっていたことが判明した。Ｂは，錯誤を理由として，本件売買契約を取り消すことができるか。

Step 3 事例問題に挑戦しよう　⇒解説と解答例は p. 130

● 設問 ●

　Ａ・Ｂは夫婦であったが，協議離婚をした。その際，Ａは実父の死亡時に相続により単独で取得した甲建物を財産分与としてＢに譲渡する旨を合意し（以下「本件財産分与」という），甲につきＡからＢへの所有権移転登記をした。本件財産分与に際し，Ａは，Ｂに対して，甲をもらうとＢに多額の税金が課せられるのではないかと心配して，そのことを気遣う趣旨の発言をしたが，Ｂは「気にしないで。大丈夫よ」と応じた。その後，Ａは，税理士から本件財産分与により 2 億円以上の譲渡所得税がＡに課せられることを知らされた。Ａは，本件財産分与を取り消し，Ｂへの所有権移転登記の抹消を求めることができるか。

▽ 解答へのみちすじ ▽

・夫婦の一方が婚姻前から有する財産および婚姻中に自己の名で得た財産は，「特有財産」として，その者に単独で帰属する（762 条 1 項）。甲は実父の相続を原因としてＡが取得した財産であるから，「特有財産」にあたる。特有財産を財産分与として譲渡することは所得税法 33 条 1 項にいう「資産の譲渡」にあたり，課税対象となる譲渡所得を生じさせる。

・Ａは，離婚にともなう財産分与として甲をＢに譲渡する場合に，誰にどのような税金が課せ

られるかについて事実誤認をしている。Aの錯誤は基礎事情錯誤にあたるから，95条1項に加え同条2項の要件をみたすか否かが問題となる。すなわち，甲の譲渡によりBに多額の税金が課せられる可能性に言及するAの発言とそれに対するBの応答によって，「事情が法律行為の基礎とされていることが表示されていた」といえるか，問題となる。

・さらに，95条1項・2項の要件がみたされていたとしても，Aの錯誤には重大な過失があるとされる可能性がある。この場合，Bも同一の錯誤に陥っていた，あるいは，Aの錯誤につきBが悪意であるか，善意でも重大な過失があったといえるかを検討することとなる。

▶ さらに先へ進んでみよう　　　　　　　　Jump

◉ 信用保証協会が銀行と保証契約を締結するに際し，主たる債務者が反社会的勢力でないことを前提としていた場合に，その前提に錯誤があったことを理由に，信用保証協会は保証契約を取り消すことができるか。

⇒ 最判平成 28・1・12 民集 70 巻 1 号 1 頁（百選Ⅰ-22）

4 詐欺・強迫

Step
1
● 基本の説明を理解しよう　　　　　　　　　　　　　　　⇒答えは p. 131

▶ 詐欺・強迫による意思表示

　他人にだまされたり，あるいは脅されたりして，不本意な内容の意思表示をしてしまう場合がある。このように表意者の意思形成過程に他人の違法な介入があり，看過しがたいゆがみが生じた状態（意思形成の過程に「瑕疵」があるともいわれてきた）で意思表示がされた場合，表意者は，そのような意思表示を，詐欺または強迫を理由として取り消すことができる。

> 96条① 詐欺又は強迫による意思表示は，取り消すことができる。
> ② 相手方に対する意思表示について第三者が詐欺を行った場合においては，相手方がその事実を知り，又は知ることができたときに限り，その意思表示を取り消すことができる。

　96条の文言上，詐欺または強迫を理由とする意思表示の取消しは比較的容易に認められそうにもみえる。嘘をついたり，脅したりして，表意者に意思表示をするよう誘導した場合は，詐欺または強迫があったものとして同条1項にあたるようにみえるからである。しかし，民法は，行為能力のある者が意思表示をした以上，その意思表示が表意者の真意に基づくものとみられる場合には，意思表示の拘束力からの解放を容易には認めていない。

　詐欺の場合は，違法な欺罔行為によって錯誤に陥り，強迫の場合は，違法な強迫行為によって畏怖することにより，表意者が自由な意思形成を妨げられ，その結果として，欺罔行為や強迫行為がなければしなかったであろう意思表示をした場合にのみ，意思表示を取り消すことができるものと解されている。たとえば，販売員による多少調子のよいセールストークの類は，取引通念上許される範囲にとどまる限り違法性がない。「訴訟をするぞ」と強い調子で迫ることも，適法な権利の行使である以上，違法な強迫にはあたらない。

　また，詐欺に関しては，違法な欺罔行為があっても，それが欺罔行為者の故意によるとはいえない場合，つまり，表意者を錯誤に陥らせ，その錯誤により意思表示をさせるという意図が欠ける場合には，取消しは認められない。強迫に関しては，違法な強迫行為があっても，それが強迫行為者の故意によるとはいえない場合，つまり，強迫により表意者を畏怖させ，その畏怖に基づき意思表示をさせるという意図が欠ける場合，取消しは認められない。

　さらに，詐欺に関しては，欺罔行為をしたのが第三者である場合には，相手方がその事実を知っていた，あるいは知ることができたという追加の要件をみたす場合でなければ，取り消すことができない（96条2項）。たとえば，AがCにだまされてBとの間で契約をした場合，AがCにだまされていることをBが知っていたか知ることができた場合に限り，Aはその契約の意思表示を取り消すことができる。これに対して，強迫に関しては，同項の反対

解釈により，強迫行為の主体が誰であるか（相手方か第三者か）を問うことなく，上記要件をみたせば取り消すことができる。表意者の意思形成過程に第三者の違法行為が介入する点で共通するにもかかわらず，詐欺と強迫とで異なった扱いがされているのは，詐欺の場合はだまされる側の落ち度がある程度寄与している場合も少なくないのに対して，強迫の場合は表意者の意思形成過程への介入が強力かつ一方的であり，表意者を保護する必要性が高いと考えられるからである。

▶ 要件

　他人の違法な（①　　　）行為により（②　　　）に陥り，その（②　　　）によって意思表示をし，かつ，この過程を（①　　　）行為者が意図していた場合，つまり（①　　　）行為者の（③　　　）が認められる場合，詐欺による意思表示にあたるといえる。

　他人の違法な（④　　　）行為により，表意者が（⑤　　　）を感じ，その（⑤　　　）によって意思表示をし，かつ，この過程を（④　　　）行為者が意図していた場合，つまり（④　　　）行為者の（③　　　）が認められる場合，強迫による意思表示にあたるといえる。

▶ 効果

　強迫による意思表示は，（④　　　）行為が相手方ではなく第三者によって行われた場合も，上の要件をみたせば，表意者は取り消すことができる。

　これに対して，詐欺による意思表示は，（①　　　）行為が相手方ではなく第三者によって行われた場合は，相手方が（⑥　　　　　　　　　　　　　　　　　　　）場合に限り，表意者は取り消すことができる。

　取り消されると，その意思表示は行為時に遡って無効であったものとみなされる（取消しの遡及効）（121条。→42頁 Ⅳ4）。

▶ 第三者の保護

> 96条③　前2項の規定による詐欺による意思表示の取消しは，善意でかつ過失がない第三者に対抗することができない。

　取消しの遡及効により影響を受ける第三者を保護する必要性は，錯誤の場合（→59頁 Ⅴ3）と同様に存在する。たとえば，Aが甲をBに売却した後，それが取り消される前にBが甲をCに売却したなど，意思表示の目的について利害関係をもつ第三者が登場している場合である。ここで，意思表示の取消しにより，無権利者とみなされるBから譲り受けたCが常に甲の所有権を取得することができないとされると，取引の安全が害される。そこで，96条3項は，（⑦　　　）による意思表示の取消しは（⑧　　　　　　　　）の第三者に対抗することができないものとする。一方，同項の反対解釈により，（⑨　　　）による意思表示の取消しは常に第三者に対抗することができる。詐欺の場合は，だまされた者も軽率であるという非難を受けても仕方がない一方，強迫の場合は，同様の非難をすることができない。表意者の帰責性の軽重が，第三者との利益調整の場面においても反映されている。

詐欺による取消しの場合の第三者の保護要件が，単なる善意ではなく，(⑧　　　　　　　)
とされているのは，心裡留保や虚偽表示など真意に反する意思表示という外形を意図的に作り出した場合と比べると，表意者の帰責性が小さく，第三者との関係でも表意者を保護する必要性が相対的に大きいと考えられるからである。

▶ 消費者契約法

　もっとも，欺罔行為者または強迫行為者の故意を立証することは難しく，詐欺または強迫による取消しのハードルは相当高い。そこで，個人が事業者との間で消費者として締結する契約について，消費者契約法は，より緩やかに消費者からの意思表示の取消しを認めている。すなわち，消費者契約（消費者契約法2条3項）においては，事業者と消費者との間に情報力および交渉力につき構造的な格差があるため，消費者による自己決定の基盤を整備する必要性から，不当な誘導を受けて行った意思表示を消費者が詐欺・強迫よりも緩やかな要件のもとで取り消すことができるものとしている。

　すなわち，詐欺にあたらなくても，事業者が，不実告知，不利益事実の不告知または断定的判断の提供をしたことにより消費者が誤認をした場合などにおいて，消費者は意思表示を取り消すことができる（消費者契約法4条1項・2項）。また，強迫にあたらなくても，事業者が，不退去や退去妨害その他の方法により，恐怖感や不安をあおり，消費者を困惑させて自己に有利な取引へと誘導した場合に，消費者は意思表示を取り消すことができる（同条3項）。

　なお，以上の規定に基づく消費者契約の意思表示の取消しは，詐欺の場合と同様，善意無過失の第三者に対抗することができない（同条6項）。

Step 2
● 具体例で確認しよう　　　　　　　　　　　　　　　　　⇒答えと解説はp.131

□1　Aは，不動産業者Bから甲不動産を購入する契約を締結した。契約交渉段階において，甲は優れた眺望が売りの物件として紹介された。Aが甲の眺望が将来維持される見込みを尋ねたところ，Bは，甲の眺望を阻害する近隣の開発計画はない，と事実に反する説明をした。その後，契約締結時にすでに近隣の開発計画が存在していたことを知ったAは，甲を購入する意思表示を取り消すことができるか。

□2　Aは，Bからナイフを突きつけられて，恐怖を感じ，不本意にも自己所有の貴金属甲をCの言い値で売る契約をCと締結し，甲をCに引き渡した。その後，恐怖のあまり甲を売ったことを後悔したAは，甲を売却する意思表示を取り消すことができるか。

□3　Aは，所有する甲不動産をBに売却した。Bは，契約交渉段階において多重債務状態にあり，代金の支払能力がなかったにもかかわらず，支払能力があると嘘を述べて，Aに

甲の売却を決意させた。Bは，Aから甲を買い受けた後，事情を知らないCに直ちに転売して，代金をCから受領した。事情を知ったAは，その後，甲を売却する意思表示を取り消すことができるか。

Step
3
● 事例問題に挑戦しよう　　　　　　　　　　　　　　　　　⇒ 解説と解答例は p. 132

● 設問 ●

　Aは，Bの仲介で，自己が所有する甲別荘をCに売る契約（以下「本件売買契約」という）を締結し，代金の一部支払と引換えに，甲をCに引き渡し，Cへの所有権移転登記をした。本件売買契約の締結に先立ち，Bは，虚偽の事実を述べて，売却を躊躇していたAに甲の売却を決意させた。本件売買契約の締結から3日後，Cは，事情を知らないDに対して甲を譲渡し，Dへの所有権移転登記をした。本件売買契約の仲介をCがBに依頼したのは，自分が多額の債務を負うDから「債務を返済できないなら，代わりに適当な不動産を入手して譲渡せよ」と強く求められ，不動産業者であるBに協力を求めたという経緯がある。本件売買契約締結時におけるAの言動から，Cは，Aが甲周辺の不動産市場の動向を誤解しており，その誤解がBの虚偽の説明に起因していることに気がついていた。その後，Aは，Bにだまされたと知り，Cに対して，甲を売却する意思表示を取り消し，Dに対して登記名義の回復を求めた。AのDに対する請求は認められるか。

▽ 解答へのみちすじ ▽

・本問では，第三者の詐欺による意思表示の取消しが問題となる。

・まず，Bの行為が96条1項の「詐欺」にあたるかどうかを確認する必要がある。特に，Bが虚偽の説明をしたことが違法な欺罔行為にあたるか，あたるとして，Bに故意があったか，といった点に留意しなければならない。

・次に，Bによる詐欺の可能性を認識しながら，漫然と契約締結に至ったCの行為態様が，どう評価されるべきか，96条2項に則して検討する必要がある。

・Aが売買の意思表示を取り消すことができる場合，取消しにより意思表示が遡及的に無効になることから（121条），Cから甲の譲渡を受けているDに影響が及ぶ。そこで，Dが96条3項の「第三者」にあたるか，また善意かつ無過失であったといえるかが，問題となる。

　　　　さらに先へ進んでみよう　　　　　　　**Jump**

◉　Step 3の設問において，Aが甲を売却する意思表示を取り消した後，Cへの所有権移転登記が抹消される前に，CがDのために甲に抵当権を設定した場合であれば，どうなるか。

⇒ 大判昭和17・9・30民集21巻911頁（百選I-51）

第三者・承継人

● 「当事者」と「第三者」

第三者 … ある法律関係の当事者以外の者

当事者
┌ 契約 … 申込者 ⇔ 承諾者

第三者との関係について

→537条・539条の2・545条1項

├ 意思表示 … 表意者（意思表示の主体） ⇔ 相手方（意思表示を受領する者）

第三者との関係について

→93条2項・94条2項・95条4項・96条3項

└ 代理 … 本人 ⇔ 代理人

第三者との関係について

→99条2項・106条2項・107条・109条・110条・112条

➡ 「第三者」

… 最広義では「当事者」以外のすべての者を指す。

もっとも，条文の趣旨に照らして，「第三者」は制限的に解釈されることが少なくない。

例：94条2項の「第三者」

・「当事者」またはその「一般（＝包括）承継人」以外の者

・かつ，その表示の目的につき「法律上利害関係」を有する者

● 「第三者」と「承継人」

承継人 … ある法律関係に関わる権利・義務について当事者から移転を受けた第三者

┌ 特定承継人 … 前主から特定の権利・義務を承継する者

例：表示の目的である物を買い受ける契約を締結した者

└ 一般承継人 … 前主の権利・義務を（一身専属的なものを除き）一括承継する者

例：表示の相手方の相続人 cf. 不動産登記法62条

● 法律上の利害関係

虚偽表示の目的である物を譲り受ける契約を締結したり，抵当権その他の制限物権や利用権の設定契約を締結した者，差押債権者などが含まれる。

事実上の利害関係では足りない。

例：表示の相手方と表示の目的である物に関して契約交渉を始めたばかりの者

∴94条2項の「第三者」？

・相手方から表示の目的である物を買い受けた者 ≠ 当事者

… 表示の目的に法律上の利害関係を有する特定承継人 ➡ 「第三者」に含まれる。

・相手方の相続人 ≠ 当事者

… 一般（包括）承継人（≒当事者）である。 ➡ 「第三者」から除外される。

VI

代理

Approach

□1　代理総論・有権代理

　代理人のした行為の効果が他人である本人に帰属するのが「代理」という制度である。代理はどのような場合に成立し，どのような効果が生じるのかを確認しよう。

□2　代理権の制限・代理権の濫用

　代理権の範囲内の行為であっても，代理権が制限される場合がある。また，代理権の濫用として，有効な代理行為と扱われないことがある。どのような場合に代理権の制限・代理権の濫用にあたるのかを確認しよう。

□3　無権代理

　代理人が代理権をもたずに代理行為をした場合を「無権代理」という。この場合，本人に効果が帰属しないのが原則である。この場合の本人と相手方との権利関係を確認しよう。

□4　表見代理

　無権代理の場合でも，相手方を保護するために，一定の要件がみたされると，代理人のした行為の効果が本人に帰属するとされている。それがどのような場合なのか確認しよう。

1　代理総論・有権代理

Step
1

● 基本の説明を理解しよう　　　　　　　　　　　　　　　　　⇒答えは p. 135

▶ 代理とは

> 99条①　代理人がその権限内において本人のためにすることを示してした意思表示は，本人に対して直接にその効力を生ずる。

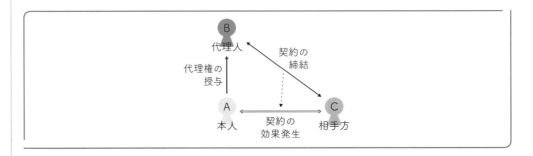

　契約（その他の法律行為）には，意思表示が必要である（→30頁 Ⅳ1）。この意思表示を，自分自身で行うのではなく，他人に行わせ，それによって成立する契約の効果（権利・義務の変動）は自分に帰属させるという仕組みを「代理」という。

　このとき，契約の効果が帰属する者を「本人」，本人に代わって意思表示を行う他人を「代理人」，代理人が契約を締結する相手となる者を「相手方」という。また，代理をすることができるという法律上の資格のことを「代理権」という。

　代理権は，本人自身の法律行為によって代理人に与えることができる（この法律行為を代理権授与行為といい，多くの場合には委任契約として行われる。このとき，代理権を授与したことを証明する文書として委任状が代理人に交付されることが多い）。こうして代理権を与える場合を「任意代理」といい，代理権を与えられた代理人を「任意代理人」（条文上は「委任による代理人」）という。これに対して，本人の法律行為ではなく，法の規定によって代理人が定まり，この者に代理権が与えられる場合もある。この場合を「法定代理」といい，代理人を「法定代理人」という。親権者（824条本文）や後見人（859条1項）が法定代理人の例である（条文では「代表する」と表現されているが，これは包括的な代理権をもつことを表している）。

▶ 要件

　代理によって，代理人と相手方との間で締結された契約が，本人と相手方との間で効果を生じるためには，2つの要件がみたされる必要がある。1つは，「代理人がその権限内において」行為をすること，すなわち代理人がその契約を締結することについて（①　　　　　）

をもつことである。もう1つは，代理人が「（②　　　）のためにすることを示して」行為を
すること，すなわち，自分のした意思表示によって成立する契約の効果が，自分ではなく本
人に帰属することを示すことである。この「（②　　　）のためにすることを示す」ことを
「顕名」という。

▶ 効果

　代理の要件がみたされると，代理人が締結した契約の効果は，（③ 本人 ／ 代理人）に帰属
する。たとえば，Aが土地の購入についてBに代理権を与えており，BがCに対して「自
分はAの代理人である」と顕名をしながら「Cが所有している甲土地を買いたい」と述べ
てCに申込みの意思表示をし，Cがこの申込みに対して承諾の意思表示をして契約が成立
すると，その契約の効果は，買主である（④ A ／ B）と売主であるCの間で生じる。

　ここで，代理権を欠く場合には，代理人の行為は無権代理行為となり，その効果は本人に
は帰属しない（→78頁 Ⅵ3）。

　顕名を欠く場合には，代理人が締結した契約の効果は，原則として（⑤ 本人 ／ 代理人）
に帰属する（100条本文）。ただし，相手方が，代理人が本人のためにすることについて知り，
または，知ることができたときは，契約の効果は（⑥ 本人 ／ 代理人）に帰属する（同条ただ
し書）。

▶ 代理行為の瑕疵

> 101条① 　代理人が相手方に対してした意思表示の効力が意思の不存在，錯誤，詐欺，強迫又は
> 　ある事情を知っていたこと若しくは知らなかったことにつき過失があったことによって影響
> 　を受けるべき場合には，その事実の有無は，代理人について決するものとする。
> 　② 　相手方が代理人に対してした意思表示の効力が意思表示を受けた者がある事情を知ってい
> 　たこと又は知らなかったことにつき過失があったことによって影響を受けるべき場合には，
> 　その事実の有無は，代理人について決するものとする。
> 　③ 　特定の法律行為をすることを委託された代理人がその行為をしたときは，本人は，自ら知
> 　っていた事情について代理人が知らなかったことを主張することができない。本人が過失に
> 　よって知らなかった事情についても，同様とする。

　代理人が相手方に対してした意思表示が，意思の不存在や瑕疵ある意思表示（心裡留保，
虚偽表示，錯誤，詐欺，強迫）を理由として無効または取消し可能なものとなるかは，（⑦ 本
人 ／ 代理人）について決するものとされている（101条1項）。たとえば，代理人に錯誤が
あるときには錯誤のルールが適用されるが，本人に錯誤があるにすぎないときには，錯誤の
ルールが適用されない。実際に意思表示をするのは代理人であるからというのが，理由であ
る。

　同じ理由から，ある事柄について知っていること（悪意）や，知らないこと（善意）に過
失があったことが問題となるときも，（⑧ 本人 ／ 代理人）について決する（同条1項・2項）。

　ただし，例外として，代理人にゆだねられたのが（本人の事務処理一般といったような抽象
的なものでなく）「特定の法律行為」であるときには，本人自らが知っていた事情または過失

で知らなかった事情について，代理人が知らなかったと主張することができなくなる（同条3項）。この場合には，本人が代理人に適切な指示を出すべきだと考えられるからである。

▶ 代理人の行為能力

> 102条　制限行為能力者が代理人としてした行為は，行為能力の制限によっては取り消すことができない。ただし，制限行為能力者が他の制限行為能力者の法定代理人としてした行為については，この限りでない。

　任意代理においては，代理人が未成年者その他行為能力を制限された者である場合，代理行為は，これを理由として取り消すことが（⑨ できる ／ できない）（102条1項本文）。本人が，あえて制限行為能力者を代理人に選任したのだから，代理人の行為の効果を本人に帰属させることに問題はないと考えられるからである。

　これに対して，たとえば未成年者Ａの法定代理人（親権者）Ｂに後見開始の審判が行われ，Ｂが制限行為能力者になったというように，法定代理において代理人が制限行為能力者である場合には，「本人があえて選任した」という理由があてはまらないため，代理人のした行為は，制限行為能力者の行為であることを理由として取り消すことが（⑩ できる ／ できない）（同項ただし書）。

check ✅

- 代理＝本人に代わって代理人が相手方との間で意思表示をし，その法律効果が本人に直接帰属する制度
  - ・要件：代理人が当該行為について（①　　　　）をもつこと
    　　　＋　代理人が（②　　　　）のためにすることを示して行為を行うこと（顕名）
  - ・効果：本人と相手方の間に直接に行為の効果が帰属する。

Step
2

● 具体例で確認しよう　　　　　　　　　　　　　　　　⇒ 答えと解説は p.135

□1　ＢがＡの代理人であると顕名をしたうえで「甲土地を買いたい」とＣに対して申込みの意思表示をし，Ｃがこの申込みに対して承諾の意思表示をした。この契約に先立って，ＡはＢに土地を買うことについて代理権を与えていた。このとき，ＣはＡに対して代金の支払を求める債権を取得するか。

□2　1で，ＡがＢに土地を買うことについて代理権を与えていなかった場合，ＣはＡに対して代金の支払を求める債権を取得するか。

□3　1で，Ｂが契約締結に際して，自分がＡの代理人であることを示さず，Ｃは，Ｂ自身

が買主になると過失なく信じていた場合，CはAに対して代金の支払を求める債権を取得するか。

Step
3

● 事例問題に挑戦しよう　　　　　　　　　　　　　　　　　⇒ 解説と解答例は p. 135

● 設問 ●

（1）　未成年者Aは，母がすでに死亡しており，父Bのみが親権者である。Aは，母から甲土地を相続していたが，甲は交通の不便なところにあり，実際に使う見込みもなかったため，Bは，甲を売却して，代金をA名義の預金とするのが適切と考えていた。そこでBは，知人に紹介されたCとの間で甲の売買契約を締結した。契約に際して，Bは，契約書に売主として「A法定代理人親権者B」と署名した。この契約の効果は，誰にどのように帰属するだろうか。

（2）　（1）において，Cは，意思表示に対応する意思を欠く錯誤によってこの契約を締結していた。この錯誤は，契約の目的および取引上の社会通念に照らして重要なものといえるものであったが，Cの重大な過失によるものであった。Cが錯誤に陥っていることについて，Aは重大な過失なく知らなかったが，Bは知っていた。この場合，Cは，錯誤を理由として契約を取り消すことができるだろうか。

▽ 解答へのみちすじ ▽

（1）

・本問において，Cとの間で甲の売買契約を行ったのはBである。

・しかし，代理が成立して，BがCとの間で締結した契約の効果が，Aに生じる可能性がある。代理が成立するための2つの要件（→68頁 Step 1）である，「代理権」と「顕名」がみたされているかを検討することが必要である。

・Bは，親権者として子であるAの「財産に関する法律行為についてその子を代表する」（824条本文）ものと定められている。そして，この規定は，親権者に子の代理人となる資格を与えたものと理解されている。

・また，Bは，売買契約書にAの名を記し，締結される契約をAのためにすることを示している。

・こうしたことを踏まえて結論を導こう。

（2）

・代理人Bと相手方Cの結んだ契約は，Cの錯誤（→57頁 Ⅴ3）によるものであり，この錯誤は95条1項1号の要件をみたしている。もっともこの錯誤は，表意者Cの重大な過失によるものである。

・錯誤が表意者の重大な過失によるものであったときは，相手方（代理行為についていう相手方Cを指すのではなく，錯誤による表意者Cの相手方を指していることに注意しよう）が表意者

の錯誤について悪意または重過失のときか，相手方も同じ錯誤に陥っていたときにしか取り消すことができない（95条3項）。ここで，同項にいう「相手方」が実際に契約を締結した代理人Bを指すのか，その契約の効果が帰属する本人Aを指すのかが問題となる。

・101条2項は，このように，代理行為の相手方（ここではC）が代理人に対してした意思表示の効力が意思表示を受けた者がある事情を知っていたこと（つまり悪意）によって影響を受けるべきときは，その事実の有無は代理人について決すると定めている。これに従えば，Cの錯誤についての悪意の有無は代理人Bについて判断するべきことになる。

▶ さらに先へ進んでみよう　　　　　　Jump

◎　A所有の不動産について，何も権限をもたないBが，自分の所有物だと称してCに対する処分を行ったという場合，Aは，代理（無権代理）に関するルールに従って，Bの行為を追認し，Bのした処分の効果が自己に生ずるものとすることができるか。

⇒ 最判昭和37・8・10民集16巻8号1700頁（百選I-35）

2　代理権の制限・代理権の濫用

Step
1
⇒答えは p. 137

● 基本の説明を理解しよう

▶ 代理権の範囲

　代理権の範囲は，任意代理であれば，本人がどの範囲で代理権を与えていたかによって定まる。たとえば，本人が，自分に代わって商品を買い付けるための代理権を与えるという趣旨で代理人との間で契約を結んだという場合には，この契約の解釈によって，代理人がもつ代理権の範囲が定まる。

　法定代理の場合には，法律の規定によって定まる。たとえば，親権者は，「子の財産を管理し，かつ，その財産に関する法律行為について」一切のことを行う代理権をもつものとされている一方，「その子の行為を目的とする債務を生ずべき場合」（たとえば未成年者の労働を内容とする雇用契約を結ぶ場合）には，本人の同意がない限り，代理権をもたないとされている（824条。859条は後見人の代理権について同様に定めている）。

　また法定代理の中でも，保佐人や補助人の場合には，代理権付与のための家庭裁判所の手続（審判）の中で，代理権の範囲についても家庭裁判所が定めるものとされている（876条の4第1項・876条の9第1項）。

▶ 代理権の制限：自己契約・双方代理・その他の利益相反行為

> 108条①　同一の法律行為について，相手方の代理人として，又は当事者双方の代理人としてした行為は，代理権を有しない者がした行為とみなす。ただし，債務の履行及び本人があらかじめ許諾した行為については，この限りでない。
> ②　前項本文に規定するもののほか，代理人と本人との利益が相反する行為については，代理権を有しない者がした行為とみなす。ただし，本人があらかじめ許諾した行為については，この限りでない。

　上記のように定められる代理権の範囲内の行為であっても，代理人の代理権が制限される場合がある。その1つが108条1項本文の定める自己契約と双方代理の場合である。

　自己契約とは，同一の法律行為について（①　　　　　）の代理人となること，双方代理とは，同一の法律行為について（②　　　　　　　）の代理人となることをいう。たとえば，Aが商品の買付けについてBに代理権を与えたという場合において，B自身が売主になることは，売主Bから見た相手方Aの代理人を自分が兼ねることになるから（③ 自己契約 ／ 双方代理）となる。これに対して，同じ場合において，Bが，売主になろうとするCからも代理権の授与を受けて，買主Aと売主Cの双方の代理人として契約を締結することは（④ 自己契約 ／ 双方代理）となる。

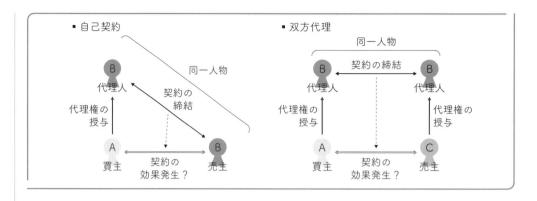

　いずれの場合も，Bは，Aのために商品を買い付けるという代理権の範囲で行為をしている。しかし，こうした自己契約・双方代理にあたるときは，Bの行為は代理権を有しない者がした行為とみなされる（つまり，その行為は無権代理行為となる。→78頁 VI3）。こうしたルールが設けられた理由は次のように説明できる。買主Aにとっては，商品の値段は低いほど利益であり，その代理人Bも，値段をできるだけ下げて本人Aの利益を守るべきである。しかし，Bが自ら売主となって，あるいは売主Cの代理人となって契約を結ぶときには，商品の値段をできるだけ高くしようとするだろう。このように，自己契約・双方代理は，類型的に本人の利益が害される危険が高い行為だといえる。このため，こうした自己契約・双方代理については，実際に本人の利益が害されたかを問わず，代理権が制限されると定められている。

　以上の理由からは，形式的には自己契約・双方代理にあたっても，類型的に本人の利益が害される危険がない場合には，代理権を制限する必要がないことになる。このため，「(⑤　　　　　　　　)」および「(⑥　　　　　　　　　　　　　　　)」（108条1項ただし書）は，自己契約・双方代理にあたる場合でも，代理権が制限されない。

　さらに，自己契約・双方代理にあたらない場合でも，「(⑦　　　　　　　　　　　　　)」（108条2項本文）については，自己契約・双方代理と同様に，代理権が制限される（具体的な事例は→76頁 Step 2）。これも，類型的に本人の利益が害される危険が高い行為であることを理由としている。

▶ 代理権の濫用

> 107条　代理人が自己又は第三者の利益を図る目的で代理権の範囲内の行為をした場合において，相手方がその目的を知り，又は知ることができたときは，その行為は，代理権を有しない者がした行為とみなす。

　代理人が代理権の範囲内で契約を締結したが，この契約締結が代理人が自己または第三者の利益を図る目的で行ったものである場合を，代理権の(⑧　　　　)という。代理権は，本人が自らの利益のために代理人に与えるものである。それにもかかわらず，代理人が自己または第三者の利益を図る目的で契約の締結をしたのであるから，代理権が，その趣旨のとおりに行使されていないことになる。

代理権の濫用があった場合，本人は，代理権を与えた趣旨に反して結ばれた契約の効果が自分に帰属することを拒否したいと考えることが多いだろう。しかし，代理人は，客観的には代理権の範囲内で代理行為を行っているのだから，契約の効果は，相手方と本人との間で生じるはずであり，相手方はそのように信頼している。それなのに，（相手方から認識できるとは限らない）代理人の主観的な意図・目的を理由に，契約の効果が本人に帰属しないことにしてしまうと，相手方は，不測の損害を受けることになる。

そこで107条は，本人と相手方の利益のバランスをとるために，代理権が濫用された場合には，代理人が自己または第三者の利益を図る目的をもっていることについて，「相手方がその目的を（⑨　　　　　　　　　　　　　　　　）とき」に限って，代理人のした行為を，代理権を有しない者がした行為とみなすこととした。無権代理行為とみなされることによって，契約の効果は，本人には帰属しない。

なお，代理権の濫用があるときは，代理人は本人の利益に反して行為をしていることから，利益相反行為に該当するのではないかと考えるかもしれない。しかし，利益相反にあたるか否かの判断は，代理人の意図や目的を考慮に入れず，行為の外形を観察して行うものとされている。利益相反に該当する場合には，相手方の善意・悪意を問わず代理権が制限されるため（108条2項本文を確認しよう），代理権が制限されることが行為の外形から判断できるようにして，相手方に不測の損害を生じさせないようにしている。

check ✅

- 代理権の範囲
  - 任意代理：本人がどの範囲で代理権を与えていたかで決まる。
  - 法定代理：法律の規定で定められているか，
    　　　　　　裁判所による選任などの手続の中で定められる。

- 代理権の制限
  代理権の範囲内の行為であっても，（⑩　　　　　），（⑪　　　　　），（⑫　　　　　　　）にあたるときは，無権代理行為とみなされる。
  - （⑩　　　　　）＝同一の法律行為について相手方の代理人となること
  - （⑪　　　　　）＝同一の法律行為について当事者双方の代理人となること
  - （⑫　　　　　　）＝（⑩　　　　　）・（⑪　　　　　）以外の形で
    　　　　　　　　　　本人と代理人の利益が相反する行為

- 代理権の濫用
  代理人が自己または第三者の利益を図る目的で代理権の範囲内の行為をすること。相手方が代理人の目的を知り，または知ることができたときは，代理人の行為は無権代理行為とみなされる。

□1　Aが商品の買付けについてBに代理権を与えた。Bは，ちょうどその商品が手元にあったので，自分が売主となろうと考えてAに相談し，Aから市場の相場どおりの価格であればBが売主になってよいと了承を得た。このとき，Bが自ら売主になるとともに，買主Aの代理人として締結した売買契約は，有効な代理によるものとみることができるだろうか。

□2　Aは，Cとの間で，Cが所有する甲土地を購入するという契約を締結した。甲の所有権移転登記手続をするために，Aが司法書士Bにその手続を行うための代理権を与えたところ，Cもまた，同じ手続についてBに代理権を与えた。Bは，甲の所有権移転登記手続について，買主Aと売主Cの双方を代理して行うことができるだろうか。

□3　Aは，自己が所有する甲土地の管理・処分の一切を任せるとの代理権をBに与えている。Bは（Aからの依頼に関係のない自己の個人的な必要から）C銀行から2000万円の借入れをすることとした。Cから担保を提供するように言われたBは，Cとの間で，Aを代理して，甲に抵当権を設定する旨の抵当権設定契約を締結した。この抵当権設定契約は，有効な代理によるものとみることができるだろうか。

● 設問 ●

　Bは，Aの所有する甲土地を売るための代理権をAから与えられていた。Bは，甲の購入を希望するCとの間で甲の売買の交渉を行い，価格などについて話がまとまった。売買契約書には，売主としてBが「A代理人B」と，買主としてCが「C」と署名した。

　Bは，実は，ギャンブルが原因で多額の借金を抱えていた。そこで，甲を売った代金を自分のものにしてしまおうと考えていた。Bは，Cとの間で契約が成立し，Cから代金を受け取ると，それを自分の借金の弁済にあててしまった。

　Aは，Bの行為は代理権濫用にあたるとして，Cからの土地の引渡しと所有権移転登記手続の請求を拒むことができるか。

▽ 解答へのみちすじ ▽

・本問では，BがAの代理人として，Cとの間で甲の売買契約を結んでいる。Bは，甲を売る代理権を有しており，また「A代理人B」と署名することで，契約をAのためにすることを示す顕名も行っている。このため，代理が有効に成立し，売買契約の効果はA・C間で発生

し，Aは，Cからの請求に応じなければならないようにみえる。

・しかし，Bは，Aから与えられた代理権を，Aの利益のためではなく，自己の利益のために利用する意図をもっていた。そして実際，契約によってCが支払った代金を，自己の借金の弁済にあててしまった。これは，AがBに代理権を与えた趣旨に反するものである。

・107条は，「代理人が自己又は第三者の利益を図る目的で代理権の範囲内の行為をした場合において，相手方がその目的を知り，又は知ることができたときは，その行為は，代理権を有しない者がした行為とみなす」と定めている。

・本問では，Bの行為は「代理人が自己……の利益を図る目的で代理権の範囲内の行為をした場合」にあたる。

・したがって，相手方Cが，Bが自己の利益を図る目的であったことを知っていたとき，または知ることができたときは，代理権を有しない者がした行為（無権代理行為）とみなされ，契約の効果はA・C間で発生しないことになる。

▶ さらに先へ進んでみよう　　　　　Jump

◎　菓子製造会社Aの食品原料主任Bが，製菓材料（練乳）販売業者Cに対してAの代理人として練乳を発注しながら，納入された練乳を横流しし，代金を横領していたという場合，代理権濫用にあたるだろうか。

⇒ 最判昭和42・4・20民集21巻3号697頁（百選I-25）

◎　法定代理人（親権者）が，未成年者の所有する土地に，この未成年者の叔父の会社の借入金を担保するための抵当権を設定したという場合，代理権濫用にあたるだろうか。

⇒ 最判平成4・12・10民集46巻9号2727頁（判例30①-17，百選III-51）

3　無権代理

Step 1

● 基本の説明を理解しよう　　　　　　　　　　　　　　　　　　⇒ 答えは p. 139

▶ 無権代理とは

> 113 条① 　代理権を有しない者が他人の代理人としてした契約は，本人がその追認をしなければ，本人に対してその効力を生じない。

　代理権を有しない者が，代理人として契約（その他の法律行為）をすることを（①　　　　　）といい，このとき代理人として行為した者は（①　　　　　）人という。（①　　　　　）においては，代理が有効になるための要件（→68 頁 Ⅵ1）のうちの，（**② 代理権の存在 ／ 顕名**）の要件はみたされるが，（**③ 代理権の存在 ／ 顕名**）という要件はみたされない。このため，代理は有効とならず，代理行為として結ばれた契約の効果は本人に帰属しない（113 条1 項）。このことを，無権代理によって代理は無効になると表現することがあるが，そこでいう「無効」は，本人が相手方に対して追認をすることによって有効とすることができる（これについては次の▶で説明する）など，90 条，93 条，94 条（→38 頁 Ⅳ3・48 頁 Ⅴ1）でいう「無効」と意味が異なることに注意しよう。

▶ 無権代理と追認

> 116 条本文 　追認は，別段の意思表示がないときは，契約の時にさかのぼってその効力を生ずる。

　代理が無権代理として無効になる場合でも，本人が，これを（④　　　　　）するときには，代理が有効となる（116 条本文）。代理人が代理権なしで契約をした後であっても，本人がその効果を自分に帰属させる意思を表明するのであれば，いわば事後的に代理権が与えられたものとして扱うという趣旨である。相手方も，もともと本人との間で契約の効果が生じることを期待していたのだから，本人の追認によって契約の効力を生じさせても不利益とはならない。

　追認は，原則として（追認する者が「追認の効力は遡らない」などの意思を表示しない限り），契約の時に遡って効力を生ずる（116 条本文）。つまり，契約は，最初から有効な代理行為によって締結されていたものと扱われる。これを，「追認の遡及効」という。

　本人はまた，追認を拒絶することもできる。この場合には，無権代理人のした契約の効果が本人に帰属しないことが確定する。

> 114条　前条の場合において，相手方は，本人に対し，相当の期間を定めて，その期間内に追認
> 　　　をするかどうかを確答すべき旨の催告をすることができる。この場合において，本人がその
> 　　　期間内に確答をしないときは，追認を拒絶したものとみなす。
> 115条　代理権を有しない者がした契約は，本人が追認をしない間は，相手方が取り消すことが
> 　　　できる。ただし，契約の時において代理権を有しないことを相手方が知っていたときは，こ
> 　　　の限りでない。
> 117条①　他人の代理人として契約をした者は，自己の代理権を証明したとき，又は本人の追認
> 　　　を得たときを除き，相手方の選択に従い，相手方に対して履行又は損害賠償の責任を負う。
> 　　② 前項の規定は，次に掲げる場合には，適用しない。
> 　　　一 他人の代理人として契約をした者が代理権を有しないことを相手方が知っていたとき。
> 　　　二 他人の代理人として契約をした者が代理権を有しないことを相手方が過失によって知ら
> 　　　　なかったとき。ただし，他人の代理人として契約をした者が自己に代理権がないことを知
> 　　　　っていたときは，この限りでない。
> 　　　三 他人の代理人として契約をした者が行為能力の制限を受けていたとき。

　無権代理が行われたとき，相手方のとることのできる救済手段として，次のようなものがある。それぞれ，どのような場面で利用することができ，どのような効果が生じるかに気をつけよう。

・催告権：相手方は，本人に対して，追認をするかどうか確答するように催告をすることができる（114条前段）。この催告は，相当の期間（本人が追認するか否かを判断するのに適切とされる期間）を定めて行うことが必要であり，その期間が経過すると，追認が（⑤ 行われた ／ 拒絶された）ものとみなされ（同条後段），代理は無効なものとして確定する。

・取消権：相手方は，無権代理の相手方として結んだ契約を取り消すことができる（115条本文）。代理が有効になるかどうか不確定な状態を解消するために認められた権利である。ただし，本人が（④　　　　）をした後で契約を取り消すことはできない。本人が（④　　　　）をしたのであれば，相手方がもともと望んでいた契約が有効に成立するので，取り消す必要が失われるからである。また，代理人として行為する者が代理権を有さないことについて，相手方が，契約の時に（⑥ 善意 ／ 悪意）であったときにも，相手方を保護する必要性が小さいため，取消権は生じない（同条ただし書）。

・無権代理人の責任：相手方は，無権代理人に対して責任を追及し，契約の履行または損害の賠償を請求することができる（117条1項）。無権代理という事態が生じたのは，代理権がないのに代理人として契約をした無権代理人のせいであることから，無権代理人にこうした責任が課されている。なお，次の表見代理の要件がみたされるときには，相手方は，表見代理に基づく本人の責任を追及するか，無権代理人の責任を追及するかを選択することができる。要件・効果について詳しくは，Step 3（81頁）で扱う。

・表見代理：代理が無権代理として無効となる場合でも，一定の要件がみたされるときは，これを有効なものとみなし，無権代理人によって結ばれた契約の効果が本人と相手方の

間で生じることが定められている（109条・110条・112条）。この制度を表見代理という。表見代理の要件と効果は，VI4（82頁）で説明する。

check ✅

- （①　　　　　）＝代理人と称して行為をした者がその行為について代理権を有していない
  場合
  →代理行為としてされた行為の効果は本人に帰属しない。
   本人の（④　　　）があると，本人に効果が帰属する。

- 相手方のもつ救済手段
  ・（⑦　　　）権：相手方は，本人に対して，相当の期間を定めて，追認するか否かの確答を
   催告することができる。
   →確答がないと追認拒絶とみなされる。
  ・（⑧　　　）権：善意の相手方は，契約を取り消すことができる。
  ・無権代理人の責任：無権代理人は，履行または（⑨　　　　　）の責任を負う。
  ・表見代理：一定の要件がみたされる場合には，無権代理人のした契約の効果が本人と相手
   方の間で生じる。詳しくは→82頁　VI4

Step
2

● 具体例で確認しよう　　　　　　　　　　　　　　　　　　　⇒答えと解説は p. 139

☐1　Aの代理人と称して，Bは，Cとの間で，Cが所有する絵画甲を購入する旨の売買契約を締結した。しかし，Bは，こうした売買契約を行う代理権をもっていなかった。この場合，Aは，甲の所有権を取得するか。また，Cは，Aに対して代金の支払を求める債権を取得するか。

☐2　1で，Cは，Aに対して，1か月以内に，追認をするかどうかを確答するよう催告をした。しかし，Aからは何も返事がないままに，1か月が過ぎた。この場合，代理の効力は生じるか。

☐3　1で，AがCに対して追認の意思表示を行った後で，Cは，Aに対して，Bのした代理行為が無権代理であったことを理由として，契約を取り消す旨の意思表示をした。この場合，代理の効力は生じるか。

● 設問 ●

　Aの所有する甲土地について，B（行為能力の制限は受けていないものとする）は，Aの代理人として，Cとの間で売買契約を締結した。しかし，Bは，AがD銀行から受けている融資の担保として甲に抵当権を設定することについてはAから代理権を与えられていたが，甲を売却することについては代理権を与えられていなかった。Cは，Bが売買契約について代理権をもたないことについて知らず，知らないことに過失はなかった。

　Aは，Bのした無権代理行為の追認を拒絶した。Cは，甲を取得すれば，これをEに転売して，Aに支払う代金との差額100万円の利益（転売利益）を得ることができる見込みだった。Cは，Bに対して何を請求できるか。

▽ 解答へのみちすじ ▽

・Bが無権代理人であることを指摘するためには，Bが，代理人として行った甲の売買契約の締結について，代理権をもっていたかを検討することが必要である。Bに与えられていた代理権は，抵当権の設定であって，売買契約ではなかったのだから，Bのした行為は無権代理行為である。

・無権代理人の責任は，117条に定められている。その要件を示して，設問に示された事実をあてはめることが必要である。

・117条の要件がみたされるときの効果として，相手方は，無権代理人に対して，契約の履行または損害の賠償を請求できるとされている。もっとも，本問では，仮にCが契約の履行を求めても，Bが目的物である甲の所有権を有していないから，Bは履行をすることができない。このため，損害賠償が問題となる。

> さらに先へ進んでみよう　　　　　Jump

◉　無権代理人BがAの名を顕名してAの所有する不動産をCに売却する契約を締結し，所有権移転登記も行われた。その後，Bが死亡したが，Bの相続人はAのみであった。無権代理人Bの地位を相続している本人Aは，Bの締結した売買契約は無権代理行為であったとして，Cに対して，所有権移転登記の抹消を請求することができるだろうか。

⇒ 最判昭和37・4・20民集16巻4号955頁（判例30①-25，百選Ⅰ-32）

◉　CがDに対して有する債権について，Bは，Aを代理して，Aが保証人となる旨の契約をCとの間で締結した。しかし，Bは，これについてAを代理する代理権をもっていなかった。その後，Aが死亡し，BとEがその地位を相続分2分の1ずつ共同相続した。Cは，保証債務のうち，Bが相続した2分の1の部分は，当然に効力を生じるとして，保証債務の半額の履行を求めることができるか。

⇒ 最判平成5・1・21民集47巻1号265頁（判例30①-24，百選Ⅰ-33）

4 表見代理

Step
1
⇒答えはp.141

● 基本の説明を理解しよう

▶ 表見代理とは

109条① 第三者に対して他人に代理権を与えた旨を表示した者は，その代理権の範囲内におい
てその他人が第三者との間でした行為について，その責任を負う。ただし，第三者が，その他
人が代理権を与えられていないことを知り，又は過失によって知らなかったときは，この限り
でない。

110条 前条第1項本文の規定は，代理人がその権限外の行為をした場合において，第三者が
代理人の権限があると信ずべき正当な理由があるときについて準用する。

112条① 他人に代理権を与えた者は，代理権の消滅後にその代理権の範囲内においてその他人
が第三者との間でした行為について，代理権の消滅の事実を知らなかった第三者に対してその
責任を負う。ただし，第三者が過失によってその事実を知らなかったときは，この限りでない。

　代理人として契約（その他の法律行為）をした者が，当該行為をする代理権をもたないと
き（そもそも何らの代理権ももたない場合もあるし，何らかの代理権をもつ者がその権限外の行為
をする場合もある）には，（①　　　　　　）として，代理が無効になるのが原則である。

　しかし，（①　　　　　　）であるにもかかわらず，取引の安全を保護するために，代理が有
効に成立したのと同様に本人に行為の効果を帰属させる制度がある。これが（②　　　　　　）
である。この制度は，代理が効力を生じるための要件をみたしていないのに，代理の効力が
生じた場合と同じように，無権代理人が結んだ契約の効果を本人に帰属させるものである。
その根拠は，権利外観法理（表見法理ともいう），すなわち，(1)代理権が存在するかのよう
な外観があり，(2)本人に負担を負わせても仕方がないといえる事情がある（「本人の帰責性」
と表現することがある）のと同時に，(3)相手方（条文上は「第三者」と表現されている）がそ
の外観を正当に信頼しているときには，その信頼を保護する必要があることから説明される。

▶ 表見代理の3つの基本類型

　表見代理には，本人に負担を負わせても仕方がないといえる事情の内容によって分けられ
た3つの基本となる類型がある。

　第1は，本人が相手方に対して，（事実に反して）無権代理人に（③　　　　　　　　　　）
を表示し（「代理権授与表示」という），無権代理人がその表示された代理権の範囲内で代理行
為をした場合である（109条1項）。

　第2は，もともと何らかの代理権（「基本代理権」という）をもつ者が，その（④
　　）をした場合である（110条）。

第3は，代理権が（⑤　　　　）した後で，代理人であった者が，その代理権の範囲内で代理行為をした場合である（112条1項）。

民法はさらに，無権代理人について代理権授与表示があり，かつ，この無権代理人が表示された代理権の範囲から外れた代理行為をした場合（109条2項），および，代理権消滅後に，代理人であった者が，その代理権の範囲から外れた代理行為をした場合（112条2項）についても，表見代理が成立することを定めている。前者は第1と第2の類型を合わせた組合せ類型，後者は第3と第2の類型を合わせた組合せ類型といえる。

▶ 相手方の正当な信頼に関する要件

表見代理が成立するためには，上記の3つの基本類型または2つの組合せ類型のいずれかにあてはまったうえで，相手方が（⑥　　　　　　　　）であること（過失なく知らなかったこと）が要件とされる。

なお，この要件は，条文によって表現が異なる（109条1項ただし書「第三者が，〔無権代理人〕が代理権を与えられていないことを知り，又は過失によって知らなかったときは，この限りでない」，110条・109条2項・112条2項「第三者が……〔代理権〕があると信ずべき正当な理由があるとき〔に責任を負う〕」，112条1項「代理権の消滅の事実を知らなかった第三者に対してその責任を負う。ただし，第三者が過失によってその事実を知らなかったときは，この限りでない」）。その理由の1つは，外観を作り出したことへの本人の関与の態様によって，表見代理の成立を主張する相手方に課される立証責任が変わる点にある（詳しくは，立証責任について勉強してからより詳しい教科書などで学んでほしい）。もう1つは，代理権消滅後の表見代理（112条1項）では，無権代理人が以前は代理権を有していたことを相手方が知っていたことが前提とされていることを明らかにするためである。なお，110条における「正当な理由」の有無の判断方法については，Step 3の解説で説明する（→142頁）。

check ✔

- ▪ 表見代理＝無権代理であるにもかかわらず，取引の安全を保護するため，本人に行為の効果を帰属させる制度。表見代理が成立すると，本人が責任を負う。
  - ・109条1項：本人が相手方に対して，無権代理人に（③　　　　　　　　　　）を表示した場合
  - ・110条　　：基本代理権をもつ者が，（④　　　　　　　　）をした場合
  - ・112条1項：代理権が（⑤　　　）した後に，代理人であった者が代理行為をした場合
  いずれの場合にも，相手方が（⑥　　　　　　　）であったことが必要である。

Step 2

● 具体例で確認しよう　　　　　　　　　　　　　　⇒ 答えと解説は p. 142

□1　個人で店舗を営むAは，ゆくゆくは子Bに事業を継がせようと思っており，取引先に

VI

代理

4

表見代理

も紹介をしている。ある日，Ａは，取引先のＣに対して「店のことを少しずつＢに任せようと思います。まずは500万円くらいまでの仕入れなら，Ｂの判断でやってもよいということにしようと思います」と告げた。後日，Ｃからこの話を聞かされたＢは，早速Ｃとの間でＡのために500万円で商品を買い付ける旨の契約を締結した。しかし，Ａは，実際にはまだＢに代理権を与えておらず，Ｂのした無権代理行為の追認も拒絶した。Ｃは，表見代理が成立するとして，Ａに対して代金の支払を請求することができるか。

□2　Ａは甲土地を所有している。Ａの子Ｂは，ＡがＢに代理権を授与する旨を記した委任状を偽造し，勝手に持ち出したＡの実印で押印すると，それを用いてＣに自分がＡの代理人であると信じさせ，Ａの名を顕名して，甲をＣに売却する旨の契約を締結した。Ａは，Ｂのした無権代理行為の追認を拒絶した。Ｃは，表見代理が成立するとして，Ａに対して土地の引渡しと所有権移転登記手続への協力を求めることができるか。

□3　Ａは，Ｂとの間で委任契約を締結して，Ａのために500万円までの融資を受ける契約をＣ銀行との間で締結することができるという代理権をＢに与え，このことをＣに伝えていた。その後，Ａは，この委任契約を解除したが，Ｃはそのことを過失なく知らないままでいた。Ｂは，代理権が消滅したにもかかわらず，Ｃとの間で，Ａの代理人であると顕名して，500万円の融資を受ける旨を契約し，Ｃから500万円の現金を受け取ると行方をくらませてしまった。Ａは，Ｂのした無権代理行為の追認を拒絶した。Ｃは，表見代理が成立するとして，Ａに対して，融資した500万円の返還を請求することができるか。

Step
3

● 事例問題に挑戦しよう　　　　　　　　　　　⇒ 解説と解答例は p.142

● 設問 ●

電気器具販売会社Ｃ社は，送風機製造業を営むＭ社との間で，送風機に取り付けるモーターを継続的に販売する契約を締結していた。ところが，Ｍの経営に不安が生じたため，Ｃは，Ｍの代表取締役Ｂに対して，Ｍが負う代金債務についてＢの父Ｆを根保証人（ねほしょうにん）とするよう申し入れた。これに対してＢは，「父とは折り合いが悪いので妻の伯父Ａに根保証人になってもらう」と回答し，Ｃもこれを了承した。

Ｂは，Ａには無断で根保証契約書の根保証人の欄にＡの名を書き入れるとともに，ＡがＢに当該根保証契約締結の代理権を与えたという内容の委任状を作成し，いずれにもＡの実印を押印した。そして，これらの書類にＡの印鑑証明書を添付してＣに交付した。

ＢがＡの実印と印鑑証明書を所持していたのは，この根保証契約とは別の件のためにＡから交付を受けていたためである。すなわち，Ｍが社員寮用の建物を賃借するにあたってＡがその保証人となることになっており，Ａは，その保証契約締結についてＢに代理権を与え，実印と印鑑証明書を交付していた。Ｂが前記のように，Ｃに対して負う債務について，

Aに無断で書類を偽造するなどしてAを無権代理して根保証契約を締結できたのは、そうした事情に基づくものである。

　BがAを無権代理していることを知らないCは、この根保証契約の締結を受けて、その後もMにモーターを納入していたが、その後Mは倒産してしまった。MのCに対する未払の代金債務は500万円に達していた。Cは、表見代理が成立するとして、Aに対して、この代金債務を担保する根保証債務の履行を請求することができるか。

▽ 解答へのみちすじ ▽

・Bは、Aを無権代理して、Aを本人（根保証人）とする根保証契約をCとの間で締結している。

・Bは、Mが社員寮用の建物を賃借するにあたってAが保証人となるという件について、保証契約締結のための代理権をAから与えられていた。本問では、これを基本代理権として、BがAの代理人としてしたCとの間の根保証契約締結について、110条を適用できるかが問題となる。

・そしてCは、BがAを無権代理していることを知らなかったのだから、善意であったといえる。そこで、表見代理が成立するかの判断にあたっては、Cがこれを知らずにいたことに過失があるかが問題となる。

▶ さらに先へ進んでみよう　　　　　　　　Jump

◉　Aは、F社の金融商品の勧誘外交員であったが、実際には、Bに勧誘を行わせていた。Bの勧誘により、CがFの金融商品に対する出資を行ったが、その際、BがAを無権代理して、CのFに対する出資金返還債権をAが保証する旨の契約が締結された。AがBに依頼していたのは契約の締結（などの法律行為）の代理ではなく、事実行為の代行である。この場合には、Bが「基本代理権」をもっていたものとして、Aには、110条による表見代理が成立するだろうか。

⇒ 最判昭和35・2・19民集14巻2号250頁（判例30①-20，百選Ⅰ-28）

条件・期限

● 条件

起きるかどうかが<u>不確実な</u>将来の事実に，法律行為の効果の発生または消滅をかからせる特約

（1）**停止条件**（127条1項）：起きるかどうかが不確実な将来の事実に，法律行為の効果の発生
をかからせる特約

例：<u>もし今年の国家試験に君が合格したら</u>，この車を君にプレゼント（贈与）するよ。
→国家試験に合格すれば（＝停止条件が成就すれば），合格した時点で贈与契約の効果が発
生（合格しなければ，効果不発生）

（2）**解除条件**（127条2項）：起きるかどうかが不確実な将来の事実に，法律行為の効果の消滅
をかからせる特約

例：この時計を君にプレゼント（贈与）するけれど，<u>もし今年の国家試験で君が不合格になっ
たら</u>，そのときは返してもらうよ。
→国家試験に不合格になったら（＝解除条件が成就したら），不合格になった時点で贈与契
約の効果が消滅（不合格にならなければ，効果存続）

● 期限

起こることが<u>確実な</u>将来の事実に，債務の履行，または，法律行為の効果の発生もしくは消滅
をかからせる特約

→**確定期限**（：発生確実で，かつ，いつ発生するかも今からわかるもの）
例：来年の4月30日になったら……
→**不確定期限**（：発生確実だけれど，いつ発生するかまではまだわからないもの）
例：君のお父さんが亡くなった時に……

（1）**履行期限**（135条1項）：起こることが確実な将来の事実に，債務の履行をかからせる特約
例：<u>来年の4月30日になったら</u>，君に貸した100万円を返してもらう（100万円の貸金債務
を履行してもらう）よ。（←確定期限を履行期限とした例）
→期限が到来すれば，債権者は，権利を行使して債務者に履行を請求できる（期限が到来
する前は，貸金債権はすでに有するけれど，その権利を行使して履行を請求することはで
きない）。

（2）**停止期限**：法律行為の効果の発生を，確実に起こる将来の事実にかからせる特約
例：<u>君のお父さんが亡くなれば</u>，その時から毎月10万円を君に援助（贈与）するよ。（←不確
定期限を停止期限とした例）

* 履行期限と停止期限とを，**始期**と表現する（ただし，135条1項の「始期」は，履行期限のこ
とを指している）。

（3）**終期**（135条2項）：法律行為の効果の消滅を，確実に起こる将来の事実にかからせる特約
例：これから毎月10万円を君に援助（贈与）するけれど，<u>君の18歳の誕生日がきたら</u>，支
払は打ち切るよ。（←確定期限を法律行為の終期とした例）

時効

▶ Approach

□ 1　消滅時効

　消滅時効とは，人が，それまで有していた権利を時の経過により失う権利変動原因である。消滅時効が完成するために必要な民法上の要件を確認しよう。

□ 2　取得時効

　取得時効とは，人が，それまでなかった権利を時の経過により取得する権利変動原因である。取得時効が完成するために必要な民法上の要件を確認しよう。

□ 3　時効の援用・時効利益の放棄

　時効の効果が確定的に生じるには，「当事者」が，完成した時効を援用しなければならない。また，「当事者」は，完成した時効の利益を放棄することもできる。時効の援用・時効利益の放棄とは何か，また，援用・放棄ができる「当事者」とは誰かを，確認しよう。

□ 4　時効の完成猶予事由・更新事由

　時効期間中に一定の事由が生じることで，時効の完成が妨げられることがある。この場合には，当事者は時効を援用して時効効果を発生させることはできない。時効完成を妨げる事由として何が民法で規定されているか，そして，それぞれの事由にどのような効果があるかを確認しよう。

1　消滅時効

Step
1
基本の説明を理解しよう　　　　　　　　　　　　　　　⇒答えは p. 145

▶ 時効とは

　民法には，財産に関するさまざまな権利が定められている。人が，こうした権利を取得したり失ったりする法律上の原因のことを，権利変動原因という。権利変動原因のうち，民法総則に規定が置かれているものとして，法律行為（→30頁 Ⅳ1）と，もうひとつ，「時効」（144条〜169条）がある。

　時効には，消滅時効と取得時効の2つの種類がある。前者は，それまで存在していた権利を時の経過により消滅させる制度であり，後者は，それまでなかった権利を時の経過により発生させる制度である。

　消滅時効，取得時効ともに，時効の効果（消滅時効の場合は権利の消滅，取得時効の場合は権利の発生）が生じるには，まず，時効が完成していることが必要である。時効の完成とは，一定の事実状態が，法律に定められた期間継続することをいう。この法定の期間のことを時効期間と呼び，時効期間を数え始める時点のことを，起算点という。ただし，時効が完成するための要件は，消滅時効と取得時効とで大きく異なっている。このため1では消滅時効の完成要件を扱い，取得時効の完成要件は2で扱う。

　また，時効の効果が確定的に生じるには，時効が完成していることに加えて，当事者が，時効を援用することが必要である（→3）。

　さらに，起算点から時効完成までの間に一定の事由が生じることにより，時効の完成が妨げられることがある。この事由のことを時効の完成猶予事由・更新事由という（→4）。

▶ 消滅時効とは

166条①　債権は，次に掲げる場合には，時効によって消滅する。
　　一　債権者が権利を行使することができることを知った時から5年間行使しないとき。
　　二　権利を行使することができる時から10年間行使しないとき。
　②　債権又は所有権以外の財産権は，権利を行使することができる時から20年間行使しない

ときは，時効によって消滅する。

167条　人の生命又は身体の侵害による損害賠償請求権の消滅時効についての前条第1項第2号の規定の適用については，同号中「10年間」とあるのは，「20年間」とする。

　消滅時効は，権利者が権利を行使しない状態が一定の期間続くことで，その権利が消滅する権利変動原因である（166条以下）。たとえば，Aが100万円をBに貸している場合，Aは，履行期限がくれば100万円の支払を請求できる債権を，Bに向けて有していることになる。この場面において，債権者Aが，履行期限がきたのに支払を債務者Bに請求せず，Bも支払をしないでいるとする。Aが債権を使わないこの状態がそのまま一定の期間続くことで，Aの債権は消滅する。Aは以後，100万円の支払をBに請求できなくなり，Bも，支払う債務を免れる。このように，消滅時効は，権利者が権利を行使せず，それゆえ当該権利が存在しないかのような事実状態が長期間続いた場合に，この事実状態を，法律上も承認しようとする（＝当該権利を本当に消滅させる）制度である。

　166条によれば，消滅時効の対象となる権利は，「債権」，および，「債権又は所有権以外の財産権」（財産権のうち，債権でも，所有権でもないもののこと。たとえば地上権などの制限物権）である。したがって，所有権は，いくら長期間これを行使しなくても，消滅時効で消滅することはない。多くの場合に問題となるのは，債権の消滅時効なので，以下では，主にこれを念頭に置いて確認していこう。

▶ 消滅時効の完成要件

　消滅時効により権利が消滅するには，消滅時効の完成が必要である。消滅時効の完成とは，権利者が権利を行使しない状態が，法律に定められた期間（時効期間）継続することである。
　債権の消滅時効の完成要件は，債権の不行使が，（ⅰ）（③　　　　）時から（④　　　）年間（166条1項1号），または，（ⅱ）（⑤　　　　　　　）時から（⑥　　　）年間（同項2号），継続することである（いずれかの期間が先に満了した時点で，消滅時効が完成する）。なお，当該債権が，人の生命または身体の侵害による損害賠償請求権である場合，166条1項2号の時効期間は（⑦　　　）年間に延長される（167条）。
　以上の起算点のうち，③の起算点（166条1項1号）は，債権者が「権利を行使することができ」，かつ，そのことを債権者が認識した時，という意味である。このため，⑤の起算点（同項2号）だけでなく，③の起算点についても，個別の事案でそれがいつかを決めるには，まず，「権利を行使することができる時」の意味を考えなくてはならない。判例によれば，「権利を行使することができる時」とは，当該権利の行使につき法律上の障害がなくなった時点を指す。ここでいう法律上の障害とは，たとえば，当該債権に関する履行期限の未到来や，停止条件の未成就といった事情が，これにあたる。したがって，期限の定めのある債権の場合は期限が到来した時，停止条件付きの債権の場合は条件成就の時が，それぞれ「権利を行使することができる時」となる（ただし，判例は，ある種の権利については，「単にその権利の行使につき法律上の障害がないというだけではなく，さらに権利の性質上，その権利行使が現実に期待のできる」場合に初めて「権利を行使することができる」といえるとすることがある）。

▶ 消滅時効の効果

　消滅時効が完成すると（かつ，当事者が援用すると），その効果として，権利が消滅する。また，この消滅時効の効果は，起算点に遡って生じる（144条）。上記の例で消滅時効が完成し（かつ，当事者が援用し）た場合，起算点である借金の履行期限に，Aの債権（Bの債務）が消滅したものと扱われる。このように遡及効が認められているのは，法律関係の複雑化を防止するためだとされている。時効完成時（または援用時）に権利が消滅するとしておくと，起算点からそれまでの間の利息や遅延損害金がどうなるのかなど，ややこしい問題を生じかねないからである。

check ✅

- 債権の消滅時効の完成要件：
  - （③ 　　　　　　　　　　　　　　　　　　　　　　　　　）時から（④ 　　　）年間，
    債権の不行使が継続すること（166条1項1号）。
    または，
  - （⑤ 　　　　　　　　　　　　　　　　　　　　）時から（⑥ 　　　）年間，
    債権の不行使が継続すること（166条1項2号）。

    ＊③・⑤＝起算点，④・⑥＝時効期間

- 人の生命または身体の侵害に基づく損害賠償請求権の場合
  →⑥の時効期間が（⑦ 　　　）年間に延長（167条）。

- 「権利を行使することができる時」とは，
  （⑧ 　　　　　　　　　　　　　　　　　　　　　　　　　）である。

Step
2

● 具体例で確認しよう　　　　　　　　　　　　　　　　　　⇒ 答えと解説は p. 145

⇒ 答えと解説は p. 145

□1　Aは，2020年10月1日に，Bとの間で，Aの所有する絵画を100万円でBに売却する売買契約を締結し，その場で直ちに絵画をBに引き渡した。Aは，この売買契約に基づいて100万円の支払を求める代金債権をBに対して取得したが，Bはこの支払をせず，Aも，代金債権を行使して100万円をBから取り立てることを怠っていた。その後，2025年12月1日になって，Aは，Bに代金100万円の支払を請求した。この請求時に，Aの代金債権には消滅時効が完成しているか。

□2　Aは，2020年10月1日に，Bとの間で金銭消費貸借契約を締結し，Bに100万円を貸し付けた。この契約においてAとBは，2022年9月30日に一括して100万円を返済するという約束をしていた。2022年9月30日になってからも，Aはしばらくの間，100

万円の取立てを行わず，2026年10月1日になって，ようやく100万円の返済をBに請求した。この請求時に，Aの貸金債権には消滅時効が完成しているか。

Step
3

● 事例問題に挑戦しよう　　　　　　　　　　　　　　　　　⇒ 解説と解答例は p. 145

● 設問 ●

Aは，2020年10月1日に，Bとの間で金銭消費貸借契約を締結し，Bに100万円を貸し付けた（以下「本件貸金契約」という）。本件貸金契約において，BはAに，「私（B）の親Cが亡くなれば多額の遺産を1人で相続することになるので，返済はCが死亡する時まで猶予してほしい」と頼み込み，Aもこれを了承した。2025年6月2日にCが死亡し，BはCの遺産を単独ですべて相続した。2030年12月2日になってC死亡の事実を知ったAは，2035年8月1日に，100万円の返済をBに請求した。この請求に対してBは，Aの貸金債権に消滅時効が完成しているとして，返済を拒むことはできるか。

▽ 解答へのみちすじ ▽

・100万円の支払をBに求めるAの権利は，債権である。このため，Aの権利に消滅時効が完成するかどうかは，166条1項の定めるルールに照らして，これを検討する。

・検討にあたっては，第1に，起算点として，Aが，貸金債権を行使することができる時，および，貸金債権を行使することができることを知った時が，本問ではいつになるのかを，考えてみよう。特に本件貸金契約では，「Cの死亡時まで返済を猶予する」という約束がA・B間で交わされている。この約束が，起算点の決定にどのような影響を及ぼすのかに留意しよう。

・第2に，時効期間が，上記の起算点から計算してAによる請求の時までに満了しているかを考える。その際には，期間の計算に関する民法上のルールに留意することも必要である。

> さらに先へ進んでみよう　　　　　　　Jump

⊙　Aは長年，Bが経営する炭鉱で作業に従事していたが，退職後にたまたま総合病院で受けた健康診断の結果，じん肺という病気（「粉じんを吸入することによつて肺に生じた線維増殖性変化を主体とする疾病」〔じん肺法2条1項1号〕のこと）と診断された。診断時，Aに自覚症状はほぼなく，管理区分2の行政決定を受けたものの，その後症状が徐々に悪化し，診断時から20年後には症状の最も重い管理区分4の行政決定を受けた。Aは，管理区分4の行政決定を受けてから3年後に，損害賠償請求をBに対して行った。Aの請求に対してBは，損害賠償請求権の消滅時効を理由に，支払を拒むことができるか。

⇒ 最判平成6・2・22民集48巻2号441頁（判例30①-27，百選I-40）

2　取得時効

Step
1

● 基本の説明を理解しよう　　　　　　　　　　　　　　　　　　⇒答えは p. 147

▶ 取得時効とは

　取得時効とは，人が，物の占有を長期間続けることにより，その物に対する権利を取得する権利変動原因である（162 条以下）。たとえば，A が，B の所有する甲土地の地上いっぱいに自らが所有する資材を置き，甲を占有しているとする。甲の占有が無許可のものであれば，本来であれば，A は資材を撤収して，甲を B に明け渡さなければならない。しかし，A の占有がそのまま長期間（10 年間または 20 年間）続くことにより，A は，甲の所有権を取得時効によって取得する。1 つの物には，2 つ以上の所有権が同時に成立することはない（一物一権主義）ので，A が所有権を取得する反射として，もとの所有者 B は甲の所有権を失う。

　取得時効により取得される権利は，所有権その他の財産権である（162 条・163 条）。ただし，取得時効は，物の長期間の占有によって成立するものだから，取得時効によって取得されるのは，継続的な占有になじむ権利に限られる。たとえば，所有権や不動産賃借権である。これに対して，形成権や金銭債権のように，占有になじまない権利，一回きりの行使で消滅する権利などは，取得時効の対象にならない。実際の紛争でよく問題になるのは所有権の取得時効であるため，以下では，所有権の取得時効を念頭に置いて確認していこう。

▶ 所有権の取得時効の完成要件

162 条① 　20 年間，所有の意思をもって，平穏に，かつ，公然と他人の物を占有した者は，その所有権を取得する。
　②　10 年間，所有の意思をもって，平穏に，かつ，公然と他人の物を占有した者は，その占有の開始の時に，善意であり，かつ，過失がなかったときは，その所有権を取得する。

（1）　所有権の取得時効が完成するには，まず，ある人が，目的物を占有することが必要である（162 条）。占有とは，人が，自己のためにする意思（占有意思）をもって，物を所持することである（180 条）。「所持」とは，目的物を事実上自己の支配下に置くことをいう。占有意思とは，物をこのように支配することから，何らかの意味で事実上の利益を受けようとする意思のことである。さらに，所有権の取得時効の完成には，目的物の占有が，以下の要

件をすべてみたしている必要がある。

（2）　第1に，その占有が，所有の意思をもってするものであることである（162条）。所有の意思をもってする占有のことを，自主占有という。所有の意思とは，所有者として物を排他的に支配しようとする意思のことである（自らに所有権があると信じて占有することではない。たとえば，盗品に対する泥棒の占有は，自主占有とされる。泥棒は，盗品の所有権が自分にないことをわかっているものの，所有者のように盗品を支配していこうとする意思は有しているからである）。これに対して，所有の意思をもたずにする占有のことを他主占有という。たとえば，他人（賃貸人）から物を賃借して利用している者（賃借人）は，目的物が他人（賃貸人）の所有物だという前提で占有をしており，他主占有者である。

　物の占有が他主占有であれば，長期間物を占有しても，所有権の取得時効は完成しない。そこで，占有者に所有の意思があるか否かをどのようにして判断するかが，問題となる。判例によれば，所有の意思の有無は，占有者の内心の意思によってではなく，占有者が占有を始める原因になった客観的な事実，または，占有に関する事情によって判断される。占有開始（占有取得）の原因のことを，権原（漢字に注意！　権限ではない）という。

　たとえば，売買契約を原因として目的物の占有を始めた者は，所有の意思を有する自主占有者となる。売買の客観的な性質は，占有開始者（買主）が所有権を得ようとするものだからである。このように，当該占有が自主占有であることを示す権原のことを，自主占有権原という。自主占有権原の代表例としては，売買，贈与のように，所有権の移転を目的とする契約が挙げられる。

　これに対して，たとえば賃貸借契約は，それを原因として始まった占有が他主占有と判断される原因である（他主占有権原）。賃貸借の客観的な性質は，占有開始者（借主）が，所有権の移転を受けずに物を占有（使用）しようとすることだからである。他主占有権原としては，賃貸借のほか，（無償で物を借り受ける）使用貸借，（他人から物を預かって保管する）寄託，不動産の管理委託などがある。

（3）　次に，物の占有が，平穏かつ公然のものであることが必要である（162条）。たとえば，人が，動産を，他人から暴力や強迫により奪って占有し始めた場合や，金庫に隠すなどして密かに占有し続けた場合には，取得時効は完成しない。

（4）　最後に，以上の要件をみたす占有が，占有開始時（起算点）から，民法の定める時効期間，途切れることなく継続したことが必要である。所有権の取得時効完成に必要な時効期間は，占有開始時において占有者が，自らに物の所有権があると過失なく信じていた場合（善意無過失）と，それ以外の場合（悪意，または，善意有過失）とで異なる。後者の場合，時効期間は20年間（162条1項）となり，前者の場合，占有者は，20年間の取得時効（同項）または10年間の（短期）取得時効（同条2項）を選択して主張できる。

▶ 取得時効の効果

　取得時効の完成（および援用）により，占有者は，占有物の所有権を原始取得する。すなわち，取得時効により，もとの所有者が有していた所有権とは別個の新たな所有権が発生し，占有者はこれを取得する（もとの所有者の所有権が，時効により占有者に承継されるのではない）。

また，この所有権取得の効果は，起算点（占有の開始時）に遡って生じる（144条）。したがって，起算点から時効完成時（援用時）までの占有は不法占拠とはならず，時効取得者は，この間の使用料相当額の賠償義務や返還義務を負わない。

check ✅

- 所有権の取得時効の完成要件：
  （① 　　　　　　　　）をもって（自主占有），（② 　　　　　　　　　）と，
  20年間，物を占有すること（162条1項）。

- 占有開始時に占有者が（③ 　　　　　　）であれば，
  10年間の短期取得時効が成立（162条2項）。

- ある占有が自主占有か他主占有かは，
  （④ 　　　　　　　　　　　　　　　　　　）によって決まる。
  ・売買や贈与を権原とする占有は，（⑤ 　　　　　）と判断される。
  ・賃貸借や使用貸借を権原とする占有は，（⑥ 　　　　　）と判断される。

Step
● 具体例で確認しよう　　　　　2　　　　　⇒ 答えと解説は p.147

□1　Aは，Bの代理人と称するCから，Bが所有する甲建物を買わないかと誘われたので，甲の売買契約をCと締結し，Cから甲の引渡しを受け，甲に入居し始めた。以後，Aは甲の占有を続けているが，実は上記売買契約はCの無権代理行為であった。この場合において，Aが甲の占有を20年間継続したとき，Aは，取得時効により甲の所有権を取得できるか。

□2　Bは，自己所有の甲建物を，Aに無償で，かつ期間を定めずに使用させることにした（使用貸借）。その後，Bから甲の引渡しを受けたAは甲を20年間継続して占有した。この場合において，Aは，取得時効により甲の所有権を取得できるか。

Step
● 事例問題に挑戦しよう　　　　　3　　　　　⇒ 解説と解答例は p.147

● 設問 ●

　Bは，自己が所有する甲土地を，期間および使用収益の目的を定めずに無償で貸す契約をAと交わして，甲をAに引き渡し，その後，Aは甲を占有している。Aが甲の占有を開始してから30年後に，Bは，使用貸借契約を解除して，Aに甲の返還を請求した。Aは，B

からの返還請求に対して，長期間の占有により甲の所有権を取得時効で取得したと反論したいと考えている。そのためにAは，裁判上，どのような事実を主張・立証すればよいか。また，このAの反論に対してBは，取得時効の成立を否定するためにどのような事実を主張・立証すればよいか。

▽ 解答へのみちすじ ▽

・裁判では，ある法律効果の発生を主張する者が，その効果発生のための要件が当該事案で充足されていることを主張・立証すべきだというのが原則である。この原則によれば，時効による所有権取得という効果を主張するAが，Step 1 で確認した要件が本問ですべてみたされていることを主張・立証すべきことになりそうである。しかし，民法には，占有の態様等に関して一定の推定をする規定がある（186条）。この推定規定の存在も踏まえたうえで，本問でAとBが，それぞれどのような事実を裁判で主張・立証すべきかを考えてみよう。

▶ さらに先へ進んでみよう　　　　　　　　　Jump

◎　Aは，Bから甲土地を無償で借り，甲を占有してきたところ，借り始めてから5年後に，Bが死亡した。B死亡の直後，Aは，Bの単独相続人と称するCと，甲の売買契約を締結し，以後も甲の占有を続けている。AとCが売買契約を交わしてから25年後に，Cが実はBの相続人ではなかったことが判明し，本当の相続人Dが，甲の返還を請求してきた。この請求に対してAは，甲の所有権を取得時効で取得したと反論できるか。

⇒185条

3　時効の援用・時効利益の放棄

⇒答えはp.149

● 基本の説明を理解しよう

Step 1

▶ 時効の援用とは

> 145条　時効は，当事者（……）が援用しなければ，裁判所がこれによって裁判をすることができない。

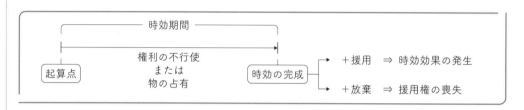

　民法は，取得時効の完成をもって占有者が「所有権を取得する」（162条）と，そして，消滅時効の完成により権利が「消滅する」（166条）と規定している。これは，時効の完成をもって直ちに権利の取得・消滅が生じるかのような表現である。他方で，145条は，当事者が時効を（①　　　　）しなければ，時効の効果に基づく裁判はできないと定めている。（①　　　　）とは，一般に，人が，ある事実を自らの利益のために主張することをいう。そこで，145条は，権利の取得・消滅は時効完成をもって直ちに生じるものの，当事者が裁判でこのことを主張しない限り，裁判所は時効による権利変動を考慮して裁判をすることはできない旨を定めたものだ，と理解するのが，同条の素直な読み方となろう。

　ところが，以上のように理解すると，145条が裁判手続上のルールを定めた条文となり，民法の中に手続的規定が混入していることになってしまうなど，問題が生じる。そこで，現在の通説は，145条の意味を以下のように理解している。

　取得時効・消滅時効ともに，時効が完成しただけでは，その効果はいまだ確定的には生じない。時効による権利の取得・消滅が確定的に生じるには，時効の完成後，当事者が，完成した時効を（①　　　　）する必要がある。145条の「（①　　　　）」とは，時効によって利益を受ける者が，時効の利益を受けようとする意思の表示であり，これによって，時効による権利の取得・消滅が確定的に生じる。このように「時効の完成＋（①　　　　）」の二段構えにしているのは，当事者の意思を尊重するためである。たとえ自らに有利となる時効が完成しても，その利益の享受を潔しとしない者も，社会には存在しうる。時効の完成，つまり時の経過のみをもって権利を取得し，または義務を免れるとしておくと，このような者の意思を無視して，法律が利益を押しつけることになる。そこで，民法は，時効の効果が生じるか否かを，当事者の選択にゆだねているのである。

以上の理解によれば，145条の「（①　　　）」は，時効の効果を確定的に生じさせるための当事者の行為だということになる。このような意味での（①　　　）を行える法律上の資格のことを，（①　　　）権という。

▶ 時効の援用権を有する者

　時効が完成した場合に，その時効を援用して時効効果を発生させることができるのは誰か。すなわち，援用権を有するのは誰かが問題となる。145条は，時効は「当事者」がこれを援用するとしており，判例は，同条の当事者（つまり援用権者）とは，時効により「直接に利益を受ける者」を指すとしている（つまり，時効により「間接的に」利益を受けるだけの者は，援用権者にならない，という意味である）。これに対して，学説は，ある者が時効から受ける利益が直接のものか，間接のものかの区別があいまいであるなどとして，判例の基準を批判する。そして，たとえば，時効を援用すれば自己の義務や負担を免れる者，時効を援用すれば権利を取得することのできる者，および時効を援用しなければ自己の権利を覆<ruby>覆<rt>くつがえ</rt></ruby>される者などのように，判例に代わる基準を模索してきた。

　平成29年改正後の145条は，消滅時効の援用権者として，（それまでの判例で援用権が認められていた）「（②　　　　），物上保証人，第三取得者」を例示するとともに，ある者が消滅時効の援用権者にあたるかどうかにつき，「（③　　　　　　　　　　　　　　　）者」という一般的な基準を提示している。

▶ 時効利益の放棄

> 146条　時効の利益は，あらかじめ放棄することができない。

　時効利益の享受を当事者の意思にゆだねる上記の発想からすれば，時効の援用ができる者は，その時効利益を（④　　　）することもできる。時効利益の（④　　　）とは，援用権者が，完成した時効の利益を享受しない旨の意思を表示することである。（④　　　）によって，当該援用権者は援用権を失い，以後，完成した時効の効果を発生させることができなくなる。ただし，時効利益の（④　　　）は，時効が完成した後に行うことを要し，完成前に行った（④　　　）は，無効である（146条）。これは，債権者が，特に貸付け時の優越的な地位に乗じて，時効利益の（④　　　）を債務者に強いるのを，防止するためである。

check ✅

- 時効の（①　　　）（145条）：
  時効によって利益を受ける者が，時効の利益を受けようとする意思を表示すること。

- 時効の（①　　　）は「当事者」がこれを行うことができ，消滅時効の場合は，（②　　　　），物上保証人，第三取得者のほか，（③　　　　　　　　　　　　　　　　）者がこれにあたる（145条）。

- 時効利益の（④　　　）（146条）：

援用権者が，完成した時効の利益を享受しない旨の意思を表示すること。

Step 2
● 具体例で確認しよう　　　　　　　　　　　　　　　　　　　⇒ 答えと解説は p. 149

□1　AはBに 100 万円を貸していたが，履行期限になってからも長期間取立てを怠っていたため，Aの貸金債権につき消滅時効が完成した。この場合において，Bが，消滅時効を援用することはできるか。

□2　1で，Aのほかに，CもまたBに 100 万円を貸しており，かつ，BはCにも返済をしていなかったとする。この場合において，Aの貸金債権（のみ）に消滅時効が完成したとき，Cは，この消滅時効の援用権者にあたるか。

Step 3
● 事例問題に挑戦しよう　　　　　　　　　　　　　　　　　⇒ 解説と解答例は p. 149

● 設問 ●

　Aは，最近失業した友人Bから，当面の生活費と子女の学費にあてるためとして，借金を申し込まれた。Aは快諾し，1年後に一括で返済してもらう約束で，500 万円を無利息でBに貸し付けた。その際，Bの義父Cは，物上保証人として，自己の所有する甲土地に，Aの貸金債権を被担保債権とする抵当権を設定した。

　返済日以後，Bへの同情からAが取立てを長年控えていたところ，貸金債権につき消滅時効が完成してしまった。時効完成後にAのもとを訪れたBは，「裏切る真似はしない」と語り，時効利益を放棄すると書いた念書をAに手渡した。ところが，その後も返済する気配がBにないので，Aは，甲の抵当権を実行しようと考えている。

　以上の場合においてCは，Aによる抵当権実行に対してどのような反論ができるか。

▽ 解答へのみちすじ ▽

・抵当権とは，債権を担保するために（債権の実現を確実なものとするために）不動産に設定される担保物権の一種である。抵当権は多くの場合，債務者自らが，債権者と抵当権設定契約を交わし，自己所有の不動産に設定する。抵当権を有することで，債権者は，債務者が弁済しない場合にこの不動産を強制競売にかけ，売却代金を，誰よりも優先して自己の債権のためにもらうことなどができる（369 条 1 項）。抵当権により担保されている債権のことを，被担保債権という（本問では，Bに対するAの貸金債権）。

・抵当権は，債務者以外の者が，他人の債務を保証する目的で，自己の不動産に設定すること

もある。このような者のことを，物上保証人と呼ぶ。物上保証人は，もし債務者が弁済せず，債権者が抵当権を行使すれば，自己の不動産を強制競売で奪われる。

・本問では，物上保証人Ｃが，抵当権の消滅を主張してＡによるその行使を阻止できるかが，検討の中心になる。抵当権には，被担保債権と運命をともにするという性質がある（抵当権の付従性）。この付従性により，抵当権は，被担保債権が何らかの原因で消滅すれば，同時に消滅する。したがって，本問では，Ｂに対するＡの貸金債権（被担保債権）が，時効で消滅するかを考えることになる。

・消滅時効による債権消滅の効果が確定的に生じるには，消滅時効が完成していることに加えて，当事者による時効の援用が必要になる。債務者Ｂは，時効利益を放棄している。そこで，物上保証人Ｃが，Ｂとは別に消滅時効を援用し，被担保債権消滅の効果を生じさせうるかを，検討すべきことになる。

> さらに先へ進んでみよう　　　　　　　　Jump

◎ Step 3 の設問で，Ｃは，抵当権を設定した後に，甲を知人のＤに売却した。Ａの貸金債権につき完成した消滅時効をＢが援用しない場合，Ｄがこれを援用することは可能か。

⇒145条

◎ Step 3 の設問で，Ｃは，抵当権を設定した後に，自らがＥ銀行から借金をするにあたり，Ｅのために，甲に後順位の抵当権を設定した。Ａの貸金債権につき完成した消滅時効をＢおよびＣが援用しない場合，Ｅがこれを援用することは可能か。

⇒ 最判平成11・10・21民集53巻7号1190頁（判例30①-29，百選Ⅰ-38）

4 時効の完成猶予事由・更新事由

● 基本の説明を理解しよう　　　Step 1　　　⇒答えは p. 151

　消滅時効・取得時効ともに，起算点から時効完成までの間に一定の事由が生じることで，時効の完成が妨げられることがある。この事由のことを時効の完成猶予事由・更新事由といい，民法は，147 条から 161 条において列挙している。本書ではこのうち，「裁判上の請求」（147 条）と「催告」（150 条），および「承認」（152 条）（→102 頁 Step 3）を取り上げ，これらの事由がどのようなもので，いかなる効果をもつのかを確認する。

　なお，完成猶予事由・更新事由はいずれも，時効の完成を妨げるものであるから，時効が完成するまでの間（起算点から，時効期間が満了するまでの間）に生じることが必要である。この点に特に注意しよう。

▶ 裁判上の請求

> 147 条① 次に掲げる事由がある場合には，その事由が終了する（確定判決又は確定判決と同一の効力を有するものによって権利が確定することなくその事由が終了した場合にあっては，その終了の時から 6 箇月を経過する）までの間は，時効は，完成しない。
> 　一　裁判上の請求
> 〔以下略〕
> ② 前項の場合において，確定判決又は確定判決と同一の効力を有するものによって権利が確定したときは，時効は，同項各号に掲げる事由が終了した時から新たにその進行を始める。

（1）　裁判上の請求とは，（通常は，時効により権利を失う者〔消滅時効の債権者や取得時効の所有者〕が，時効によって義務を免れる者，または権利を取得する者を被告として）民事訴訟の訴えを起こすことをいう。債権者や所有者が自己の権利を主張・行使している以上，そのまま時効完成を認めてこれらの者の権利を喪失させるべきではない。そこで，裁判上の請求には，時効完成を妨げる効果が認められている。A の B に対する貸金債権について，2030 年 7 月 31 日に消滅時効が完成しそうになっている場面を例にとろう。この場面で，債権者 A が債務者 B を被告として，貸金返還を求める民事訴訟を 2030 年 7 月 25 日に提起したとする。これにより，まず，A の貸金債権には，この裁判が続いている間は（したがって，裁判が続いている限り 7 月 31 日を越えても）消滅時効は完成しない，という効果が得られる（147 条 1 項 1 号）。

　このように，法律が定める一定の間は時効が完成しないこと，法律が定める一定の時点まで時効の完成が引き延ばされることを，（① 　　　　　　　　　）という。
（2）　さて，こうして完成を引き延ばされた時効がその後どうなるかは，裁判がどのようなかたちで終了するかで異なる。1 つは，裁判によって A の貸金債権の存在が確定した（A の

訴えが認容され，認容判決が確定した）場合である。この場合，同債権については，判決確定の時点から，新たな時効が進行を開始し（147条2項），その期間は10年間となる（169条1項）。訴え提起前までにたまっていた時効期間は，白紙になる。当該権利の存在が裁判所により公認された以上，時効の基礎となる事実状態（Aの債権が存在しないかのような状態）が，断ち切られたといえるからである。このように，それまでの時効期間が白紙になり，新たな時効がゼロから進行を開始することを，（②　　　　　　　　）という。

（3）　他方で，Aの貸金債権の存在が確定することなく裁判が終了した場合（たとえば，Aが訴えを取り下げた場合〔民事訴訟法261条以下〕）は，どうか。この場合には，裁判終了から6か月が経過するまでの間，時効は完成しない（147条1項柱書）。

（4）　以上のように，権利者が自己の権利を主張・行使する手続に出ることで，まず，（①　　　　　　　　）の効果が得られ，さらに，その手続で当該権利の存在が確定すれば，（②　　　　　　　　）という，権利者にとってより有利な効果が生じる。

▶ 催告

> 150条①　催告があったときは，その時から6箇月を経過するまでの間は，時効は，完成しない。
> ②　催告によって時効の完成が猶予されている間にされた再度の催告は，前項の規定による時効の完成猶予の効力を有しない。

催告とは，権利者が義務者に義務の履行を請求する意思の通知である。催告も，権利者による権利の主張・行使にあたるため，民法は，催告に，時効の完成猶予の効果を認めている。すなわち，権利者が催告をすると，催告の時から6か月を経過するまで，当該権利に時効は完成しない（150条1項）。ただし，催告は，裁判その他の公的手続の枠外で行われるものであり，裁判所の関与のもとで当該権利の存在が確定するわけではない。このため，時効をふりだしに戻すという，時効の更新の効果は，催告には認められない。

なお，催告による猶予期間内に再度の催告がされても，この2度目以降の催告は，時効の完成猶予の効力を生じさせない（150条2項）。2度目以降の催告にも猶予の効力を認めると，催告を繰り返すことで，時効完成を際限なく引き延ばせてしまうからである。

check ✅

- （①　　　　　　　　）：法律が定める一定の時点まで時効の完成が引き延ばされること。
  例：裁判上の請求，強制執行，仮差押え・仮処分，催告

- （②　　　　　　　　）：従前の時効期間が白紙になり，
  　　　　　　　　　　　新たな時効がゼロから進行を開始すること。
  例：裁判上の請求＋権利の確定，強制執行の終了，承認

　AのBに対する貸金債権につき，2030年7月31日に消滅時効が完成しそうになっている。このことに気づいたAは，同年7月24日に貸金返還を求める催告（以下「本件催告」という）をBにした。このとき，次の各問いに答えなさい（各問いは独立したものとする）。

□1　本件催告に対してBが返答をしないでいたところ，Aは，2030年12月2日に，貸金返還を求める民事訴訟を提起した。この訴訟で裁判所はAの訴えを認容する判決をし，同判決は2031年6月2日に確定した。その後2032年6月1日にAが貸金返還をあらためて求めた場合，Bは，貸金債権の消滅時効を援用して支払を拒絶できるか。

□2　本件催告に対してBが返答をしないでいたところ，Aは，2030年12月2日に，貸金の返還を求める催告を，再度Bにした。その後2031年2月3日にAが貸金返還をあらためて求めた場合，Bは，貸金債権の消滅時効を援用して支払を拒絶できるか。

● 設問 ●

　Aは，2025年8月1日を履行期限としてBに1000万円を貸したが，期限が到来してもBは返済をせず，Aも取り立てることなく放置していた。2030年7月になってAは，1000万円の返済を求める旨を記した手紙を，内容証明郵便でBに送付した。この手紙は，同年7月3日にBの自宅に配達された。この手紙を読んだBは，翌日（7月4日）に，「自分の借金のことはよくわかっているので，近いうちに必ず支払う」とAに電話で返答した。ところが，その後もBは支払をせず，Aも，それ以上何も措置を講じていない。

（1）　この場合において，2031年6月2日に，Aは，1000万円の支払をあらためてBに請求した。これに対してBは，貸金債権の消滅時効を援用して支払を拒絶できるか。

（2）　上記設問で，AがBに手紙を送ったのが2030年9月2日であり，その翌日（9月3日）にBが，自己の債務に時効がすでに完成している事実に気づかないまま，借金の存在を認める返答をしたとする。この場合において，2031年6月2日にAが1000万円の支払を請求したとき，Bは，貸金債権の消滅時効を援用して支払を拒絶できるか。

▽ 解答へのみちすじ ▽

・本問の貸金債権には，債権者Aが，（履行期限が到来して直ちに，債権行使ができることを知ったとすれば，その時から）5年間権利を行使しないことで，消滅時効が完成する（166条1項1号　→89頁 Ⅶ1）。このため，そのままであれば，2030年8月1日の終了をもって，消滅

時効が完成する（時効期間の計算方法について→145頁 Ⅶ1のStep 3の解説）。ところが，設問の(1)では，時効完成直前の7月4日に，Bは自らの借金の存在を認める返答をしている。Bのこの行為が，消滅時効の完成にどのような効果を与えるかを検討しよう。

・設問の(2)では，債務の存在を認めるBの返答が，2030年8月1日の後に行われている。このようなBの行為が，消滅時効との関係でどのような意味をもつかを検討しよう。

▶ さらに先へ進んでみよう　　　　　　　　　　Jump

◉　AはBに対して，2022年9月末を履行期限とする100万円の貸金債権，2023年9月末を履行期限とする200万円の貸金債権，および2024年9月末を履行期限とする300万円の貸金債権の，合計3口の債権を有している。Aは，いずれの債権についても，履行期限の到来後，取立てを行っていない。Bは，2025年9月に，どの債権のために返済するとは何も言わずに，Aに50万円を支払った。2030年1月に，Aは3口の債権すべてについてBに支払を求めた。Aの請求に対してBは，いずれの債権についても，消滅時効を援用して支払を拒むことはできるか。

⇒ 最判令和2・12・15民集74巻9号2259頁

Part

2

解説と解答・解答例

Introduction

① 私 　② 物権 　③ 債権 　④ 使用 　⑤ 収益 　⑥ 処分 　⑦ 賃貸借
⑧ 債務 　⑨ 民法総則 　⑩ 要件 　⑪ 効果 　⑫ 一般

Ⅰ　通則

① 私 　② 信義 　③ 誠実 　④ 信義誠実 　⑤ 濫用
⑥ 使用 　⑦ 収益 　⑧ 処分

II　人

1　権利能力

● Step 1 ──────────────────────────────── ← p. 12

① 権利能力　② 出生　③ 死亡　④ 失踪期間が満了した　⑤ 危難が去った

● Step 2 ──────────────────────────────── ← p. 15

□1　Cは，出生後，711条に基づいて，慰謝料の支払をDに請求できる。同条に基づく慰謝料請求権を取得するには，Aの死亡時すでに出生していたことが必要である。この点につき，民法は，損害賠償の請求権については，胎児をすでに生まれていたものと擬制している（721条）。出生後のCは，Aの死亡時すでに生まれていたものとみなされるので，被害者の子として加害者Dに対する慰謝料請求権を取得する。

□2　本問でBは，Aの失踪宣告によりその財産を相続することができる。普通失踪の場合，失踪宣告は，不在者が最後に生存を確認されてから7年間生死不明の状態が継続することで，家庭裁判所がこれを行うことができる。本問では，Aが最後にその生存を確認された2020年10月1日から7年以上Aの生死が不明であるため，利害関係人であるBの請求により，家庭裁判所は失踪宣告を行う（30条1項）。失踪宣告によりAは死亡したものとみなされるので（31条），Bは，Aの財産を相続により取得する。

● Step 3 ──────────────────────────────── ← p. 15

I　失踪宣告の取消し

　失踪宣告があったものの，失踪者が本当は生存しており，もとの生活地に帰来することもありうる。この場合には，失踪者が，自らの権利を回復するための手段が必要になる。そこで民法は，失踪宣告の取消しの制度を設けている（失踪者が帰来しただけで，失踪宣告の効果が否定されるわけではない点に注意）。すなわち，家庭裁判所は，①失踪者が現に生存すること，または，失踪宣告で死亡したとみなされた時と異なる時に死亡したことの証明があったときで，②失踪者本人または利害関係人から請求があったときは，失踪宣告を取り消さなければならない（32条1項前段）。

　家庭裁判所が失踪宣告を取り消すと，はじめから失踪宣告がなかったのと同一に扱われ，失踪宣告に基づく効果（たとえば，相続による財産の移転など）は覆（くつがえ）る（32条2項前段）。本問では，Aの失踪宣告が取り消されると，甲の所有権のAからBへの移転は，はじめからなかったことになる。したがって，BがCに甲を売った時点で，Bは甲の所有権を有していなかったことになり，Cも甲の所有権を取得しなかった（所有権ははじめからAのところから動かなかった）という扱いになる。

II　第三者の保護

　他方で，失踪宣告の効果を信頼して行為した者の利益にも，配慮が必要である。たとえば本問のBは，失踪宣告により自分が甲の所有権を相続し，その後の売買でこれをCに無事に移転させることができたと考えている。Cも，甲の所有権を有するBと売買契約を交わすことでその所有権を取得でき

たと考えている。失踪宣告の効果が覆ると，このように考えているＢやＣが，思わぬ不利益を被ることになる。このため，民法は，失踪宣告の取消しは，「失踪の宣告後その取消し前に善意でした行為の効力に影響を及ぼさない」と定めている（32条1項後段）。この条文でいう「行為の効力」とは，たとえば，ＢとＣの契約によって甲の所有権がＣに移転したことを指す。また，「善意で」とは，失踪者が本当は生存している事実を知らないで，という意味である。本問では，ＢとＣが，Ａ生存の事実を知らないで（「善意で」）売買契約をしているので，Ｃへの所有権移転（「行為の効力」）は，失踪宣告取消しの影響を受けない。

解答例

第1　失踪宣告の取消し

　本問では，Ａが，失踪宣告の取消しによって甲の所有権を回復することができるかが，問題となる。

> **問題の提示**
> まず，検討すべき課題を示している。

　失踪宣告の取消しは，①失踪者が現に生存すること等の証明があったときで，②失踪者本人または利害関係人から請求があったときに，家庭裁判所がこれを行う（民法32条1項前段）。本問では，失踪者本人であるＡは，家庭裁判所に請求することによって，家庭裁判所に失踪宣告を取り消させることができる。

> **ルールの提示**

> **あてはめ**
> 条文が定める失踪宣告の取消しの要件を提示し，この要件を本問にあてはめればどうなるのかを示している。

第2　取消しの効果の制限

　もっとも，失踪宣告が取り消されても，失踪宣告の後その取消し前に善意でされた行為の効力は影響を受けない（民法32条1項後段）。本問では，ＢとＣは，Ａが生存している点につき善意で，甲についての売買契約を締結している。このため，当該契約に基づくＣへの所有権移転の効果は，失踪宣告の取消しによって影響を受けない。

> **ルールの提示**

> **あてはめ**
> ここでも同様に，第三者保護に関する条文の内容を示したうえで，この条文によれば本問ではどうなるのかを示している。

　以上のことから，本問でＡは，失踪宣告の取消しがあっても，甲の所有権をＣから回復することはできないと考えられる。

> **結論**
> 第1の冒頭で示した検討課題に対する結論を書いて，解答を結んでいる。

2　意思能力・行為能力

● Step 1 ──────────────────────── ← p. 17

① 意思能力　② 行為能力　③ 法定代理人　④ 代理権　⑤ 同意
⑥ 取消し　⑦ 追認　⑧ 権利　⑨ 義務　⑩ 後見　⑪ 保佐　⑫ 補助
⑬ 日常生活

□1 　未成年者は，単に権利を得，または義務を免れる法律行為については，例外的に単独で行うことができる（5条1項ただし書）。また，処分を許された財産の処分については，その目的が定められているか否かにかかわらず，個別に同意を得る必要がない（同条3項）。当該財産の処分につき法定代理人による包括的な同意がされていると考えられるからである。目的の定めがない例として，毎月の小遣いやお年玉，合格祝いなどが挙げられる。また，営業を許された未成年者は，許された営業の範囲内の行為につき単独で法律行為をすることができる（6条1項）。

　「単に権利を得」る法律行為かどうかは，法律行為それ自体の内容に照らして判断される。本件贈与契約はAが甲の所有権を無償で得ることを目的とする。土地所有者として公租公課や管理上の負担が生じることは，法律行為自体にともなう負担とはいえず，Aが「単に権利を得」たという評価を妨げるものではない。本件贈与契約は単に権利を得るものであるから，AはCの同意なしに行うことができる。よって，Cは本件贈与契約を取り消すことができない。

□2 　被保佐人が保佐人の同意を得ずに行った13条1項所定の行為は，取り消すことができる（同条4項）。もっとも，行為の内容が被保佐人にとって有利な場合は取り消す必要がなく，追認されることも少なくない。そのため，保佐人が同意をするか否かをいつまでも表明しないと，相手方は被保佐人または保佐人が取り消すかどうか不確定な状況に置かれる。このことは，被保佐人以外の制限行為能力者についても同様である。

　そこで，制限行為能力者の行為を追認するか否かの選択を促すための催告権が相手方に与えられている（20条）。行為時に制限行為能力者であった者が，成年に達し，または精神障害等が軽快して，行為能力者となっている場合は，1か月以上の期間を定めて本人に追認をするか否か確答するよう催告をすることが可能である。ただし，制限行為能力者の状態にとどまる場合は，保護者である後見人，保佐人または補助人に照会すべきである。

　応答がない場合の効果について，単独で追認するか否かを判断できる者への催告の場合は追認したものとみなされ（20条1項・2項），逆に単独で追認するかどうかを判断できない者への催告の場合は取り消したものとみなされる（同条4項）。

　よって，Cは，Bに対して，本件売買契約を追認するかどうか催告をすることができ，1か月以上の相当の期間内に応答がない場合は追認したものとみなすことができる。Aに対しても催告することができるが，相当の期間内に応答がないときは，取り消したものとみなされる。

□3 　制限行為能力者が行為能力者であることを相手方に信じさせるために詐術を用いたときは，その行為を取り消すことができない（21条）。「詐術」は「詐欺」（96条）と似ているが，別の概念であることに注意を要する。

　本問で，Aは，行為能力者であると偽っていたわけではない。しかし，「詐術」により取消しの可能性がないものと誤信させるふるまいを捉えて，取消権の行使を禁じる21条の趣旨に照らすと，制限行為能力者が自らを行為能力者と誤信させる場合と，行為に必要な同意を得ていると誤信させる場合とで区別すべき理由はない。よって，Cは21条により本件売買契約を取り消すことができない。

Ⅰ　保佐人の同意を要する行為

　Aにつき，保佐開始の審判により，Bが保佐人に選任されている。したがって，13条1項各号が定める行為のほか，審判において同意権が付与された行為（同条2項本文）については，AがBの同意な

しに行った場合，これを取り消すことができる（同条4項）。行為能力の制限を理由とする取消しができる者には，制限行為能力者のみならず，同意権者も含まれる（120条1項）。

　本件売買契約は，AがBの同意なしにした「重要な財産に関する権利の得喪を目的とする行為」（13条1項3号）にあたる。また同意権者である保佐人は取消権を有する。したがって，保佐人Bは，被保佐人AがBの同意なしに行った本件売買契約を取り消すことができる。

　取消しにより本件売買契約ははじめから無効であったことになり，甲の所有権はAのもとに回復される。しかし，甲そのものをAの手元に戻すためには，Dから甲の引渡しを受け，かつ，登録名義を回復する措置をとる必要がある。DがBの求めに任意に応じる場合は問題がない。

II　保佐人の代理権

　これに対して，Dが任意に甲を引き渡さず，登録名義の変更に協力しない場合，BはAの代理人としてAの原状回復に必要な上記措置に関する法的手続を弁護士に委任する必要がある。

　しかし，Bは，Aの財産管理一般についての代理権は有していない。保佐開始の審判に際して，あわせて特定の法律行為について代理権を付与する審判（876条の4）により，訴訟委任等について代理権を付与されていれば，Aを代理して弁護士と委任契約を締結することができる。もっとも，代理権付与の審判は，Aの請求に基づくか，Aの同意があることを要し，Aの意思に反して行うことができない。Aが訴訟委任等に関する代理権付与の審判に同意しないことも考えられる。そうすると，Bは取消権を行使しても，原状回復を実現することができず，13条が保佐人に同意権を与えた趣旨が減殺される。よって，取消権を行使した結果を実現するために必要不可欠な行為に関しては解釈上当然に保佐人に代理権が認められるべきだという見方も有力である。この見方によれば，Bは，原状回復のために必要な措置につき代理権を行使することが認められることとなる。

解答例

第1　問題の所在

　本問では，被保佐人Aが保佐人Bの同意なしに行った甲自動車の売買契約を取り消すことができるか，また，すでに履行がされている法律行為の取消しが認められる場合に，Bは原状回復のためにどのような権限を有するかが，問われている。

> **問題の提示**
> 取消しの要件および効果の両方に関する問題が問われていることを確認している。

第2　保佐人の取消権

　保佐開始の審判がされると，被保佐人は行為能力を制限され，民法13条1項各号の行為を保佐人の同意なしに行った場合，その行為を取り消すことができる（同条4項）。

> **ルールの提示**

　Aは，精神上の障害により事理弁識能力が著しく不十分であると認められ，保佐開始の審判により，BがAの保佐人に選任されている。したがって，Aは，Bの同意なしに民法13条1項各号所定の行為を単独で有効に行うことはできない。Aは甲をBの同意なしにDに売却しており，これは同項3号の「重要な財産」の処分にあたる。

　そして，保佐人Bは，同意権者として，自己の同意なしにAが行った本件売買契約を取り消すことができる（民法120条1項）。

> **あてはめ**
>
> AがBの同意権による制約を受けること，条文が定める行為類型のいずれにあたるかを明示して，あてはめを行っている。

第3　原状回復措置に関する代理権

　取消しによりA・D間の売買は最初から無効となる。原状を回復するため，Dは履行として受領した給付をAに返還する義務を負う（民法

> **問題の提示**

121 条の 2 第 1 項)。甲の返還請求に D が任意に応じない場合，B は甲の引渡しおよび登録名義を回復するための措置を弁護士に委任することが考えられる。しかし，保佐開始の審判に加えて訴訟委任につき代理権付与の審判がされていない限り，B は，この委任をするための代理権を有しない。そして代理権付与の審判に A が同意しない場合，上記措置をとることができないことになる。しかし，それでは 13 条が保佐人に同意権を付与した趣旨が減殺されるから，同審判を経ることなく，保佐人は原状回復措置につき当然に代理権を有すると解すべきである。

すでに履行がされている給付の返還を実現する際の問題点を確認する。
D が原状回復請求に任意に応じるか否か，訴訟委任につき代理権付与の審判がされているか否かに応じて，場合分けが必要になる。

`ルールの提示`

したがって，B は，上記措置につき代理して行うことができる。

`あてはめ`

第 4　結論

以上より，B は，甲の売買契約を取り消すことができ，かつ，原状回復のため，甲の返還および登録名義の A への回復のために必要な措置を代行することもできる。

`結論`

Ⅲ　法人

● Step 1　　　　　　　　　　　　　　　　　　　　　　　　← p. 24

① 権利能力　　② 法人法定主義　　③ 社団　　④ 社員　　⑤ 一般社団法人
⑥ 株式会社　　⑦ 財団　　⑧ 一般財団法人　　⑨ 営利法人　　⑩ 非営利法人
⑪ 定款　　⑫ 登記　　⑬ 社員総会　　⑭ 株主総会　　⑮ 評議員会　　⑯ 理事
⑰ 取締役　　⑱ 監事　　⑲ 監査役　　⑳ 解散　　㉑ 清算

● Step 2　　　　　　　　　　　　　　　　　　　　　　　　← p. 27

□1　この契約はAの目的の範囲内にあり，Aは，権利・義務を取得する。制作した書籍を販売する契約は，「書籍の制作・販売」というAの目的そのものであり，目的の範囲内に含まれることは明らかである。

□2　この契約はAの目的の範囲内にあり，Aは，権利・義務を取得する。銀行から金銭の借入れをすることは，それ自体としては，定款に記載された「書籍の制作・販売」にはあたらない。もっとも判例は，目的の範囲内の行為とは，定款などの基本約款に明示されたものに限られず，その目的遂行に必要な行為を含むとしている。出版社が書籍を制作・販売するためには，必要な資金を調達する必要があるのだから，金融機関から金銭を借り入れることも，Aの目的の範囲内に含まれる。なお「目的遂行に必要」か否かの判断に際しては，問題となっている行為が現実に必要か（本問の場合，今実際に借入れによって資金を調達することが必要か）ではなく，その行為が法人としての活動上必要な行為でありうるかどうかを客観的，抽象的に観察して判断すべきものとされている。

● Step 3　　　　　　　　　　　　　　　　　　　　　　　　← p. 27

　一般社団法人の理事は，法人を代表する権限をもつ（一般法人法77条1項本文）。代表権は，「一般社団法人の業務に関する一切の裁判上又は裁判外の行為をする権限」とされ（同条4項），包括的な代理権と理解されている。
　法人は，理事の代理権に制限を加えることができる。本問のように，一定の重要な取引について，定款で，理事全員の合意がなければ代理行為を行うことができないと定めることが典型例である。
　制限された行為について，理事は代理権をもたない（その行為は無権代理行為となる）。このため，理事のした行為の効果は，法人に帰属しないのが原則である。
　しかし，一般法人法77条5項は，理事の代理権に加えた制限は，善意の（つまり，この制限について知らなかった）第三者に対抗できないものとしている。通常の無権代理の場合，民法110条の表見代理が成立するためには，相手方が善意でありかつ無過失であることが要求される（→83頁 Ⅵ4）。これに比べると，一般法人法77条5項は，理事の代理権に制限が加えられていることを知らないことについて過失があっても保護される点で，相手方を厚く保護している。これは，一般社団法人の理事が包括的代理権をもつことは，法律で定められた原則であり，その信頼が特に厚く保護されるべきこと，また理事の代理権に付された制限を法人外部の者が知ることは難しく，制限の有無を調査するよう相手方に要求すれば，法人が円滑に取引することができなくなることが理由である。
　本問では，不動産の売却について理事Bは代理権をもたず，本件売買契約の効果はAに帰属しない

のが原則である。この原則でいくと、AのCに対する甲の返還請求と抹消登記請求は認められることになりそうである。しかし、相手方Cは善意であり、Aは、理事Bの代理権に加えた制限をCに対抗できない。このため、Aは、Bのした本件売買契約が無権代理行為であると主張することはできず、その効果がAに帰属することを否定できない。このため、本件売買契約に従って引き渡された甲の返還や、甲について行われた所有権移転登記の抹消登記を求めることはできない。

なお、本問と異なり、Cが悪意であって、Aが、Bのした本件売買契約は無権代理行為であり、その効果がAに帰属しないと主張できる場合には、Aは、甲の返還や所有権移転登記の抹消登記を求めることができる。このとき、Aは、Cから受け取った代金をCに返還しなければならない。

解答例

第1　問題の所在

本問において、一般社団法人Aの理事Bは、Aを代理してCとの間で本件売買契約を締結している。しかし、この代理行為は、理事全員の合意を必要とするAの定款の定めに反するものであった。このため、BがAを代理してした本件売買契約の効果がXに帰属するかが問題になっている。

> **問題の提示**
>
> Bは一般社団法人の理事であるが、代理権の制限を受けていることから、その代理行為の効果がAに帰属するかが問題になることを説明している。

第2　Bの代理権

1　Bの代理権とその制限

一般社団法人の理事は、法人を代表すると定められ、法人を包括的に代理する権限をもっている（一般法人法77条1項本文・4項）。

しかし本問においては、Aの定款で、Aの所有する不動産を売却するときは、理事全員の合意が必要だと定められており、理事の代理権は制限されていた。そして、理事全員の合意を得ていないから、Bは、代理権なく本件売買契約を締結したことになる。このため、本件売買契約の効果は、Aに帰属しないのが原則である。

> 一般社団法人の理事が包括的代理権をもつことを説明したうえで、本問では、それが制限されていたことを説明している。

2　理事の代理権に加えた制限の対抗

ただし、理事の代理権に加えた制限は、善意の第三者に対抗することができない（一般法人法77条5項）。

> **ルールの提示**

本問では、Bの代理行為の相手方であるCは、こうした代理権の制限を定める定款の規定を知らなかったのだから、善意の第三者にあたる。このため、Aは、理事Bの代理権に加えた制限をCに対して対抗することができない。

> **あてはめ**
>
> 理事の代理権に加えた制限を善意の第三者に対抗できないというルールを説明したうえで、本問ではCが善意であり、代理権の制限を対抗できない場合であることを説明している。

第3　結論

したがって、Aは、Bの行為が無権代理であったことをCに主張することができず、Bがした本件売買契約の効力が帰属するものとして扱われる。

以上より、Aは、Cに対して、甲の返還および所有権移転登記の抹消登記を求めることはできない。

> **結論**
>
> 代理権の制限を対抗できないということによって、本問ではAとCの間の権利関係が具体的にどうなるかを結論として述べている。

Ⅳ　法律行為

1　法律行為・意思表示総論

● Step 1 ───────────────────────────────← p. 30

① 1　② 5　③ 2　④ 意思表示　⑤ 法律行為　⑥ 法律行為　⑦ 意思表示
⑧ 契約　⑨ 単独行為　⑩ 申込み　⑪ 承諾　⑫ 合致

● Step 2 ───────────────────────────────← p. 32

①・③

① 贈与契約は，「ある財産を無償で与える」「それを受諾する」という意思表示の合致を不可欠の要素
とし，かつ，その意思表示のとおりの権利変動（受贈者の贈与者に対する目的物引渡債権の発生など）
が生じる。それゆえ，贈与契約は，法律行為の一種である。

② 709条によれば，「故意又は過失によって他人の権利又は法律上保護される利益を侵害した者は，
これによって生じた損害を賠償する責任を負う」。本問の例では，Aの所有するバイクを故意に壊し
たBに対して，Aは損害賠償債権を取得する。Bには「故意」という意味での意思はあるが，その
内容どおりの権利変動が生じるわけではない。仮に，BがAに対して損害賠償債務を負うことを意
図していたとしても，709条による債務は，そのような意図があったかどうかにかかわらず生じる。
それゆえ，不法行為は，法律行為ではない。

③ 遺贈とは，遺言によって，自分の死後にある財産を他人に無償で与えることである（964条・985
条を参照）。本問の例でいうと，遺贈により，遺贈を受ける者（受遺者）であるAが甲土地の所有権
を取得するという権利変動が生じることになる。この権利変動は，「甲土地の所有権をAに取得させ
る」という権利変動に向けられたBの意思の表明（遺贈の意思表示）を不可欠の要素とし，かつ，そ
の意思表示のとおりに生じるものということができる。それゆえ，遺贈は，法律行為の一種である。

④ 相続は人の死亡によって開始し（882条），それにより，相続人は，原則として被相続人の財産に
属した一切の権利・義務を承継する（896条）。本問の例では，Bの死亡により，Aが権利・義務を
承継するという権利変動が生じる。この権利変動は，人の死亡という事実に基づいて生じるものであ
り，権利変動に向けられた意思によるものではない。それゆえ，相続は，法律行為ではない。

● Step 3 ───────────────────────────────← p. 32

Ⅰ　意思表示の効力発生時期

　A・Bの意思表示はいずれも，その成立過程に特に問題は見受けられず，意思表示の成立が認められ
そうである。意思表示の成立が認められると，次に，その効力の発生が問題となる。意思表示の効力の
発生についてはさまざまな問題があるが，本問で関係するのは，意思表示の効力はいつから生じるのか

（意思表示の効力発生時期），という問題である。

　民法は，相手方のある意思表示について，その効力は相手方に到達した時点から生ずることを原則としている（97条1項）。これによると，申込みや承諾は，それぞれその相手方が存在する意思表示であるから，相手方に到達した時から効力を生ずることになる（なお，本問とは異なるが，承諾の期間を定めてした申込みについては，523条2項に特別の規定がある）。

Ⅱ　到達の意義

　そこで，意思表示が効力を生ずるには，それが到達したといえる必要があるが，この到達の意義を理解するにあたっては，意思表示が相手方に伝達される過程が一般にどのように説明されているかを把握しておくことが重要である。

　意思表示は，表白→発信→到達→了知，という過程を経て相手方に伝達される，と一般に説明されている。表白とは，内心の意思（効果意思）を外的に客観化することをいい，設問のBの承諾でいうと，Bが承諾書を作成したことがこれにあたる。次に，発信とは，意思表示を相手方に対して送ることをいい，設問のBの承諾でいうと，BがAに対して封筒の郵送に必要な手続をしたことがこれにあたる。また，了知とは，意思表示の存在と内容を相手方が現実に知ることをいう。

　そして，以上の過程の中で，意思表示の到達は，発信と了知の間にあるものと位置づけられている。すなわち，到達とは，相手方によって意思表示が了知されることまでは必要でなく，相手方にとって了知可能な状態に置かれたこと（相手方の支配圏内に置かれたこと）をいうとされる。了知は必要でなく，了知可能で足りるため，たとえば相手方宅の郵便受けに配達されたことをもって，（相手方は配達された事実を知らないとしても）到達があったとされる。また，相手方本人が直接受領する必要もなく，たとえば相手方と同居する者が郵便物を受領することで，到達があったとされる。

　このように，相手方のある意思表示の効力の発生には，相手方の了知までは必要でなく了知可能性で足りる，という理解は，実質的にも妥当だと考えられる。というのは，相手方の了知まで必要とすると，たとえば(2)で，申込書を送付したAが後で気が変わり，甲を買う話をなかったことにしたいと考えた場合，Aは，Bから送付されてきた封筒の中の承諾書を読みさえしなければ，承諾の効力の発生（したがって，申込みと承諾の合致による契約の成立）を妨げることができることになる。しかし，このように相手方の一存で意思表示の効力の発生を妨げることを認めることは，妥当でないと考えられるからである。

　そうすると，設問の(1)〜(3)の事情のもとで，Aの申込みがBの，また，Bの承諾がAの，それぞれ了知可能な状態に置かれた（それぞれB・Aの支配圏内に置かれた）といえるかどうかが検討されるべきことになる。

> ［解答例］

　1　契約の成立が認められるためには，申込みと承諾という2つの意思表示の合致が必要である（民法522条1項）。設問では，申込みをしているAと承諾をしているBが，それぞれ離れた場所から郵送の方法で意思表示をしている。意思表示は，その通知が相手方に到達した時からその効力を生ずるとされている（民法97条1項）から，申込みと承諾の合致があったといえるか否かは，Aの申込みがBに到達し，それにより効力を生じているAの申込みに対するBの承諾がAに到達することで，Bの承諾もその効力を生じたといえるかどうかによることとなる。

　2　意思表示の到達とは，発信された意思表示の存在と内容を相手方が現実に知ること（了知）までは必要でなく，知ることが可能な状態に

問題の提示

本問では契約の成立が問われているところ，その検討にあたり，本問では何が問題となるかを示している。

ルールの提示

なったこと，いいかえれば相手方の支配圏内に置かれたことをいうとされている。了知まで必要だとすると，意思表示の効力の発生を相手方の一存で妨げることができることとなってしまい，妥当でないと考えられるからである。

意思表示の到達があったかを判断する前提として，到達の意義を論じている。

　3　そこで，設問の(1)から(3)において，申込みと承諾がそれぞれB・Aの支配圏内に置かれたといえるかを検討する。

あてはめと結論

　まず，AのBに対する申込みは，その旨の書面をBが受け取っているから，Bの支配圏内に置かれたと評価することができ，したがって到達があったといえる。

Aの申込みについて，Bに「到達」したといえるかを論じている。

　これに対して，BのAに対する承諾は，それがAの支配圏内に置かれたといいうるかを検討する必要がある。

以下，Bの承諾がAに「到達」したといえるかを，(1)〜(3)の各事情に即して論じ，結論として契約の成立が認められるかどうかを論じている。

　(1)では，Bが送付した封筒は，申込者であるAの住居とは別の住居の郵便受けに届けられているから，Bの承諾がAの支配圏内に置かれたものとは認められない。したがって，Bの承諾はAに到達したとは認められず，A・B間の契約の成立は認められない。

　(2)では，Bが送付した封筒は，Aが直接受け取っていることから，Aの支配圏内に置かれたといえる。それゆえ，Bの承諾はAに到達したと認められ，これにより申込みと承諾の合致があったことになる。したがって，A・B間で契約の成立が認められる。

　(3)では，Bが送付した封筒はA宅に配達され，Dが受け取っている。Aは，封筒を自ら受け取ったわけではなく，封筒が配達されたことも知らない。しかし，DはAと同居するAの配偶者であるので，DからAに伝達されることが客観的にみて期待可能と評価することができると考えられる。それゆえ，Dが受け取ったことをもって，Bの承諾がAの支配圏内に置かれたということができる。したがって，Bの承諾はAに到達したと認められ，これにより申込みと承諾の合致があったことになるから，A・B間で契約の成立が認められる。

2　意思表示の成立と解釈

● Step 1 ← p. 34

① 動機　　② 効果意思　　③ 表示意識　　④ 表示行為　　⑤ 認められる
⑥ 諾成契約　　⑦ 受け取る　　⑧ 要物契約　　⑨ 書面　　⑩ 方式
⑪ 要式契約（要式行為）　　⑫ 慣習

● Step 2 ← p. 36

□1　Aは，「10万円で甲を買いたい」という表示行為をしている。また，表示意識が意思表示の成立に必要かどうかについては争いがあるが，本問では，「1万円で甲を買いたい」との効果意思を表示する意識はあるから，表示意識の存在も認められる。そのため，このAの意思表示の成立は認めら

れる（そのうえで，このAの意思表示は，表示行為に対応する効果意思がないということになるが，この食い違い〔錯誤〕を理由として，95条により，意思表示の取消しが認められる場合がある）。

□2　Aの意思表示は，転居するBに転居祝いを贈りたいという動機によりされたものであった。しかし，実際には意思表示の時点でBの転居は取り止めになっており，Aの意思表示は動機に思い違いがあったことになる。この場合でも，このAの意思表示の成立は認められる（そのうえで，95条によって意思表示の取消しが認められるかどうかが問題となる）。

● Step 3 ─────────────────────────────── ← p. 36

I　設問の(1)について

　AとBは，「銘柄αのビールを瓶で1ロット」を売買の目的とする限りで，意思表示の合致がある。しかし，ロットの単位に関する認識の齟齬により，売買の目的とされた瓶の総本数につき，A・B間で理解の相違がある。

　こうした場合，伝統的な理解によれば，社会におけるその表示の客観的意味に従って解釈すべきだとされる。これによると，AとBは，「銘柄αの瓶ビール120本」を目的とする売買契約を結ぶ意思表示をし，その合致があった，とされることになる。それゆえ，A・B間で「銘柄αの瓶ビール120本」を目的とする売買契約が成立したということになる。この場合，Aは，売買の目的であるビール瓶の本数について，（解釈によって定まった）意思表示に対応した意思（効果意思）を有していなかったことになるが，このことは95条の錯誤の規律に従って処理されることになる。

　なお，以上のような解釈方法に対しては，当事者が込めた意味を離れて客観的に表示の意味を確定していくとの解釈方法は，意思表示が当事者の意思に基づく法律関係の形成手段であるという性質にそぐわないのではないか，として，当事者が表示に付与した意味の探究を出発点に据え，両者の付与した意味が一致していればその意味を意思表示の内容と解釈し，一致しなければ両者の意味付与の正当性を手がかりとして解釈する，との考え方も主張されている。

II　設問の(2)について

　一方，本件売買契約から生じる代金債務の支払場所についてであるが，484条1項によると，特定物の引渡し以外の債務の弁済は，債権者の現在の住所でしなければならないと定められている。特定物の引渡債務とは，当事者が物の個性に着目して指定した目的物の引渡債務のことであり，交換手段として用いられる金銭はその貨幣・紙幣の個性に着目して指定されているわけではないから，金銭の支払債務は特定物の引渡債務にはあたらない。そうすると，Aは，Bの現在の住所で代金を支払うべきことになる。もっとも，484条1項には「別段の意思表示がないときは」とあり，当事者がこれとは異なる取決めをすることが許容されているから，この規定は「法令中の公の秩序に関しない規定」だと解される（91条参照）。そして，設問では，酒類販売業者への代金の支払については，484条1項と異なる慣習がある。そうすると，A・Bがこの慣習による意思を有しているものと認められるときは，慣習が優先することになる（92条）。このような意思を有していると認められるかどうかは事実認定の問題であるが，設問のような慣習があるにもかかわらず当事者が特段の取決めをしていないときは，両者はその慣習に従う意思を有していたと認められることも少なくないのではないかと目される（なお，大判大正10・6・2民録27輯1038頁〔判例30①-11，百選I-18〕も参照）。

第1　設問の(1)について

　AとBは，ともに，「銘柄αのビールを瓶で1ロット」を売買の目的とする，との意思表示をしており，外形上は意思表示の一致がある。しかし，その効果意思は両者で異なっているため，両者の意思表示の内容をどのようなものと解釈し，どのような意味で意思表示の合致があったと考えることになるかが問題となる。

　伝統的な理解によれば，意思表示は，社会におけるその表示の客観的意味に従って解釈すべきだとされる。この考え方に従うと，瓶ビール1ロット＝瓶ビール120本であり，この意味どおりに理解していたBの意思表示だけでなく，これと異なる意味で理解していたAの意思表示も，「銘柄αの瓶ビール120本」を目的とするものと解釈され，この意味で意思表示の合致があったと捉えられることになる。それゆえ，A・B間で「銘柄αの瓶ビール120本」を目的とする売買契約が成立したと評価されることになる。

第2　設問の(2)について

　この代金の支払は，A・B間の売買契約に基づいてAが負う債務である。金銭債務の弁済の場所について，民法484条1項によれば，別段の意思表示がないときは，債権者の現在の住所においてしなければならないとされている。設問では，A・B間で弁済の場所について特段の取決めがされていないというのであるから，民法484条1項に従い，AはBの現在の住所で代金を支払うべきことになる，とも考えられる。

　もっとも，設問では，酒類販売業者への代金の支払は，その注文が飲食業の営業のためにされたのでないときは注文者の住所において行うとする旨の慣習が存在している。Bは酒類販売業者であり，Aは飲食業の営業のためにBに注文をしたのではないから，この慣習に従うことが考えられ，仮にこの慣習に従うとすれば，AはAの住所で代金を支払うべきことになる。

　このように，設問では，民法484条1項と異なる慣習が存在していることになり，弁済の場所を定めるにあたり両者の関係が問題となる。

　そこで，民法484条1項と設問の慣習の関係を検討する必要があるが，民法484条1項は，当事者による別段の意思表示があるときはその意思表示に従うことを定めているから，この規定は，「法令中の公の秩序に関しない規定」であると解される（民法91条参照）。そうすると，A・B間の売買契約において，両者がこの慣習による意思を有しているものと認められるときは，民法484条1項ではなく，この慣習に従うべきことになる（民法92条）。

　それゆえ，設問では，A・Bがこの慣習による意思を有しているものと認められるときはこの慣習に従ってAはAの住所で代金を支払うべきことになり，この慣習による意思を有しているものと認められないときはAはBの住所で代金を支払うべきことになると考えられる。

問題の提示

本問において，契約の内容を確定するために，意思表示の解釈が問題となることを示している。

ルールの提示

あてはめ

結論

意思表示の解釈の基準として，いわゆる客観的解釈説の考え方を示し，これに従った場合の本問でのあてはめと結論を示している。

問題の提示

弁済の場所について定めた民法上の規定を挙げ，本問の事例に適用される可能性を検討している。

本問では上記の規定と異なる慣習が存在することと，そのことから本問において弁済の場所を定める決め手を検討する必要があることを指摘している。

ルールの提示

本問では92条の適用があり，この規律が弁済の場所を定めるにあたって決め手となることを示している。

あてはめと結論

本問では，慣習による意思を当事者が有しているかどうかが明らかにされていないため，場合分けをして結論を示している。

3 公序良俗，強行規定

● Step 1 ────────────────────────── ← p. 38

① 公の秩序　② 任意規定　③ 強行規定　④ 効力規定　⑤ 取締規定
⑥ 善良の風俗　⑦ 公序良俗

● Step 2 ────────────────────────── ← p. 40

□1　59万円。

　設問の契約は金銭消費貸借契約であり，元本は50万円である。そのため，利息制限法1条2号が適用され，利息にかかる契約のうち年利18%を超える部分については無効とされる。したがって，本問では，1年後に，元本50万円に年利18%の利息を加えた59万円を返還すべきことになる。

□2　有効である。

　614条本文によれば，建物の賃料の支払は毎月末であるとされている。したがって，設問の合意は614条本文と異なる内容のものである。614条には，「別段の意思表示がないときは」などの文言はないが，本条は契約の内容に関する規定であって，当事者の契約内容決定の自由に優先させるべきものと解すべき理由は特にないと考えられることから，任意規定であると一般に解されている。そのため，本問のような合意は有効である（実際にも，このような賃料前払いの合意は広くみられる）。

● Step 3 ────────────────────────── ← p. 41

I　暴利行為とは

　公序良俗違反とされうる類型の1つとして一般に挙げられるものに，暴利行為がある。暴利行為とは，一方当事者の窮迫や軽率，あるいは無経験などに乗じて，その当事者に著しく過大な不利益を与える，または相手方当事者が著しく過大な利益を得る，という行為のことをいうとされ，このような行為は公序良俗違反で無効であるとされる。こうした理を述べたものとして，大判昭和9・5・1民集13巻875頁（百選I-14）がある。同判決は，「他人ノ窮迫軽卒若ハ無経験ヲ利用シ著シク過当ナル利益ノ獲得ヲ目的トスル法律行為ハ善良ノ風俗ニ反スル事項ヲ目的トスルモノニシテ無効ナリト謂ハサルヘカラス」とした。

II　暴利行為の判断

　この昭和9年の判決でも示唆されているように，暴利行為にあたるかどうかは，①著しく過大な利益または不利益という客観的要件だけでなく，②他人の窮迫等を利用するという主観的要件が問題となるとされ，この2つの要件を総合的に考慮して決せられるとされる。本問でも，こうした要件から，暴利行為に該当するか否かを判断することになろう。

　なお，本問は，大阪高判平成21・8・25判時2073号36頁を参考にしたものである。可能であれば，判決の原文にもあたってみてほしい。

┌─────┐
│ 解答例 │
└─────┘────────────────────────

　設問では，AとBとの間で，甲土地の売買契約が結ばれている。もっとも，この契約が結ばれた当時，Aは，認知症により判断能力が必ず　　**事実の検討**

しも十分でない状態であり，Bはそのことを把握したうえで，Aの判断能力が低いことを利用してAとの売買契約を結んでいる。さらに，Aにとって甲土地の売却は必ずしも必要でなく，加えて，甲土地の売買代金は，契約が結ばれた当時の甲土地の時価の半分にも満たない額であることからすると，この売買契約は，客観的にみて，Aに著しく過大な不利益を与え，Bが一方的に過大な利益を得るものであるということができる。

本問では，本件売買契約が公序良俗違反により無効といえるかどうかが問われているため，端的に，それを基礎づける事実が認められるかどうかの検討に入っている。

以上からすると，本件売買契約は，Bが，Aの判断能力が低い状態を利用し，著しく過当な利益の獲得を目的とする暴利行為であり，公序良俗に反するというべきである。

結論

以上の事実を踏まえて，本件売買契約が暴利行為にあたり，公序良俗違反といえるとの結論を示している。

それゆえ，A・B間の甲土地の売買契約は無効であり，AのBに対する甲土地の所有権移転登記の抹消登記請求は認められる。

4 無効と取消し

● Step 1 ──────────────────────────── ← p. 42

① 無効　② 原状に復させる　③ 取り消　④ 遡及効　⑤ 取消し　⑥ 追認
⑦ 取消権者　⑧ 120　⑨ 5　⑩ 行為　⑪ 20

● Step 2 ──────────────────────────── ← p. 44

□1　Aは，保佐開始の審判を受けているので，被保佐人である。被保佐人が不動産に関する権利の得喪を目的とする行為をするには，保佐人の同意を得なければならない（13条1項3号）。そして，保佐人の同意を得なければならない行為であって，その同意またはこれに代わる家庭裁判所の許可を得ないでした行為は，取り消すことができる（同条4項）（→19頁Ⅱ2）。したがって，この契約を結ぶことについて，Aが，Cの同意もこれに代わる家庭裁判所の許可も得ていなかったときは，この契約は，行為能力制限違反の行為として取消しが可能である。

　行為能力制限違反行為の取消権者は，120条1項所定の者に限られる。このうち，Aは，同項の「制限行為能力者」にあたる。また，Cは，同じく「同意をすることができる者」にあたる。この契約の他方当事者であるBは，同項所定のいずれにもあたらないので，取消権はない。したがって，この場合に取消権を有するのは，AとCである。

□2　1と異なり，日用品の購入にかかる売買契約は保佐人の同意を要する対象でなく（13条1項を参照），行為能力制限違反による取消しは認められない。しかし，Bの詐欺を理由として取り消すことが可能である（96条1項）（→62頁Ⅴ4）。詐欺によって取り消すことができる行為の取消権者は，瑕疵ある意思表示をした者，その代理人・承継人である（120条2項）。本問では，詐欺により意思表示をしたA，および，その法定代理人のCが，同項により取消権を有する。詐欺をしたBは，同項が定めるいずれにもあたらないので，取消権を有しない（結論は，1と同じくAとCであるが，根拠規定は異なることを確認しておこう）。

I 取消しの根拠と取消権者

設問の(1)では，Aは，未成年者であることから，5条の適用が問題となる。Aは，本件売買契約を結ぶことについて親権者Cの同意を得ていない。親権者は，親権に服する子を代理する権限を有する（824条本文）から，親権者はその子の法定代理人であることになる。そのため，Aは，法定代理人の同意を得ずに本件売買契約を結んだことになるから，5条1項本文に違反する。したがって，5条2項により，本件売買契約は取り消すことができる行為である。そして，行為能力制限違反を理由とする取消しの場合，制限行為能力者本人は取消権を有する（120条1項）から，Aは，本件売買契約を取り消すことができると考えられる（→18頁 Ⅱ2）。

Ⅱ 行為能力制限違反を理由とする取消しの場合の返還義務の範囲

5条2項による取消しは，取消しの対象となる行為時に行為者が制限行為能力者であったことを理由に取消しを認めるものである。これによる取消しが認められる場合，「行為の時に制限行為能力者であった者」は「その行為によって現に利益を受けている限度において」返還の義務を負えば足りるとされている（121条の2第3項後段）。「その行為によって現に利益を受けている」とは，取消しの対象の行為によって受けた利益がそのまま残っている，あるいはかたちを変えて残っている限度のことをいう，と一般に解されている。

かたちを変えて残っているとは，たとえば，受けた利益を用いて取得した物がある場合である。また，受けた利益を使ってしまっているが，それはその受益がなくてもいずれにせよ支出されていたはずのものであった，という場合も，受けた利益がかたちを変えて残っているといえるとされる。というのは，受益がなくてもいずれにせよ支出されていたはずなのであれば，受けた利益から支出をしたことにより，本来支出されるはずだったものが支出されずにその者の財産中に保持されているとみることができる。そのため，そのようにして保持されている財産は，受けた利益がかたちを変えて残っているものと評価することができると考えられるからである（このような考え方を，「出費の節約」という）。以上をもとに，本問でAが負う返還義務の内容を具体的に検討しよう。

Ⅲ 追認の要件

設問の(2)の追認については，124条に要件が定められており，同条1項によれば，取り消すことができる行為の追認は，（ⅰ）取消しの原因となっていた状況が消滅し，かつ，（ⅱ）取消権を有することを知った後にしなければ，その効力を生じない。同条2項には，（ⅰ）の取消しの原因となっていた状況が消滅した後にすることを要しない例外となる場合が挙げられているが，未成年者が法定代理人の同意を得ずに追認しようとする場合は，同項の例外にはあたらない。したがって，設問の(2)では，同条1項の要件が問題となる。

このうち，まず，（ⅱ）取消権を有することを知った後という要件については，設問では，Aは制限行為能力者制度の基本的な内容について知っており，誰が取消権を有することになるかも知っていたというのであるから，Aは，この行為について自らが取消権を有することを行為時から知っていたと考えられる。

次に，（ⅰ）取消しの原因となっていた状況が消滅した後という要件については，設問で問題となっている取消原因は未成年者であることを理由とする行為能力制限違反であるので，その状況が消滅するのは，Aが成年に達し制限行為能力者でなくなった後ということになる。

┌─────┐
│ 解答例 │
└─────┘ ―――――――――――――――――――――――――――――――――

第1 設問の(1)について

Aは，本件売買契約の締結当時に17歳であり，未成年者であった ┐ 問題とルールの提示

Ⅳ

法律行為

（民法4条）。そして，Aの法定代理人はAの親権者のCである（民法824条本文）ところ，Aは，本件売買契約を結ぶことについてCの同意を得ていない。そこでAは，民法5条1項本文・2項に基づき，本件売買契約の取消しを主張することができると考えられる（民法120条1項）。そして，これにより本件売買契約の取消しが認められた場合，Aは，本件売買契約によって現に利益を受けている限度において，返還の義務を負うことになる（民法121条の2第3項後段）。「現に利益を受けている限度」とは，その取り消された行為によって受けた利益がそのまま残っている，あるいはかたちを変えて残っている限度のことをいう，とされている。そこで，Aにこのような利益が残っているかどうかが問題となる。

本問で主張される取消しの根拠と，それにより生じる返還義務の範囲を定める規定を示し，本問では「現に利益を受けている限度」の意義とそのあてはめが問題となることを示している。

　まず，Aは，Bから受け取ったうちの40万円は使用せずにそのまま保持しているというのであるから，この40万円は，本件売買契約によって受けた利益がそのまま残っているといえる。したがって，Aは，40万円を返還する義務を負う。

あてはめ①
Bから受け取ってそのまま保持している40万円が，「現に利益を受けている」ものにあたるかを検討している。

　次に，Aは，Bから受け取ったうちの10万円は，すでに支出して使ってしまっており，Bから受けた利益がそのままのかたちでは残っておらず，対価として取得した物も残っていない。もっとも，このうち，文房具代については，いつもはAがお小遣いから支出して定期的に購入していた物にあてたものであるから，この5000円は，Bから受け取った50万円がなくても，いずれにせよAの財産から支出されていたと考えられる。そうすると，Aは，自らの財産から5000円を支出するはずだったところ，支出せずにすんだためにそれを保持できており，これはBからの受益によるものであるということができる。それゆえ，Aが支出せずにすんだために保持している5000円は，AがBから受け取った利益がかたちを変えてAの財産中に残っているものとみることができ，Aは，本件売買契約から現に利益を受けていると評価することができる。それゆえ，Aは，この5000円も返還する義務を負う。

あてはめ②

Bから受け取ったが費消した10万円のうち，それを受け取っていなかったとしても費消されたであろう部分について，「現に利益を受けている」ものにあたるかを検討している。

　これに対して，ゲームセンターで浪費した9万5000円は，Bから受け取った利益があったがために支出されたものであるから，Aの財産中にかたちを変えて残っているとみることも難しい。したがって，この9万5000円は，「現に利益を受けている限度」に含まれず，返還の義務を負わないと考えられる。

あてはめ③
上記の検討に引き続き，Bから受け取った利益があったがために費消された部分について検討している。

　以上より，Aは，Bに対して，40万5000円を返還する義務を負う。

結論
以上までの検討を踏まえて，結論を示している。

第2　設問の(2)について

　民法124条1項によれば，取り消すことができる行為の追認を有効に行うには，取消しの原因となっていた状況が消滅し，かつ，取消権を有することを知った後でなければならない。同条2項では，このうちの前者の要件が必要とされない例外となる場合が定められているが，未成年者が法定代理人の同意を得ずに追認しようとする場合は，同条2項の例外にはあたらない。そこで，設問の(2)では，同条1項の2つの要件をいつからみたすかが問題となる。

問題とルールの提示

本問で，どの法規定のどの要件が問題となるかを示している。

　まず，取消権を有することを知った後という要件については，Aは，

あてはめ

制限行為能力者制度の基本的な内容や，本件売買契約について誰が取り消すことができるのかを本件売買契約締結時に知っていたというのであるから，Aは，その当時にすでに，この行為について自らが取消権を有することを知っていたと考えられる。また，取消しの原因となっていた状況が消滅した後という要件については，Aが成年に達すれば，未成年であることを理由として行為能力の制限を受けていたという取消原因の状況が消滅することになる。

　以上より，Aは，18歳になった時点で，Cの同意を得ることなく本件売買契約を追認することができるようになると考えられる。

124条1項の2つの要件のそれぞれについて，本問の事実へのあてはめを検討している。

結論

V 意思表示

1 心裡留保・虚偽表示

● Step 1 ━━━━━━━━━━━━━━━━━━━━━━━━━━━━━━━━━ ← p. 48

① 心裡留保　② 有効　③ 無効　④ 虚偽表示　⑤ 無効　⑥ 善意

● Step 2 ━━━━━━━━━━━━━━━━━━━━━━━━━━━━━━━━━ ← p. 50

□1　94条2項の「第三者」とは，虚偽表示の当事者またはその包括承継人以外の者であって，その表示の目的につき法律上の利害関係を有するに至った者と解されている。Cは，虚偽表示の当事者であるBから表示の目的である甲を譲り受けており，「第三者」にあたることに疑いの余地はない（→66頁 Column 3）。ほかにも，たとえばBから甲に関する制限物権（地上権や抵当権など）の設定を受けた者やBの差押債権者が「第三者」に含まれる。

　同項の「善意」とは，表示どおりの効果を発生させない旨の合意が当事者間にあったことを知らなかったことを意味し，その判断基準時は，虚偽表示の目的につき第三者が法律上の利害関係を有するに至った時期（契約に基づく利害関係の場合は契約締結時）であると解されている。

　Aは債権者の差押えを回避する目的で，Bと通謀して甲の売買を仮装し，所有権移転登記をしている。A・B間の売買は虚偽表示によるものであるから無効である。Bは無権利者であり，Cは，A・B間の売買が虚偽表示によるものであることを知っていた場合は甲の所有権を取得しない。しかし本問でCはこの事情を知らなかったのであるから，善意の第三者として94条2項により保護され，甲の所有権を取得することができる。Cが事情を知らなかったことに過失があったかどうか，BからCへの所有権移転登記がされているかどうか，は問われない。

□2　93条1項ただし書によれば，表意者は，心裡留保に基づく意思表示の無効を主張するためには，表示が真意によらないことを相手方が知っていたこと，あるいは知ることができたことを主張・立証しなければならない。つまり，表意者による無効の主張が認められることなく，表示に対する信頼が保護されるためには，相手方は，善意無過失である必要がある。

　もっとも，意図的に真意でない表示をしている点において，心裡留保における表意者の帰責性は重大であると考えられる。そのため，相手方がその信頼を正当なものとして保護されるための要件は善意で足り，無過失は不要であるとも考えられそうである。たとえば，冗談や社交辞令による真意でない表示は，社会生活における潤滑油のような働きをするもので，表示に対する表意者の帰責性は小さいため相手方の善意無過失を要件とすべきだとしても，相手方をだますつもりで行われる真意でない表示に対する表意者の帰責性は虚偽表示と同程度に重く，相手方の保護要件は善意のみで足りるのではないかと考えられる。

　もっとも，意思表示の相手方は，意思表示の当事者であるから，表意者が表示に対応する真意を有しているか否かに細心の注意を払うべきであり，また表意者の真意を確認する方法もないわけではない。そのため，第三者の信頼保護を考える場面と区別して，無過失を一般的な保護要件とすることにも一理ある。相手方の過失の有無を判断する際に，表意者側の帰責性の強度を相関的に考慮することで，柔軟な解決が可能になるという利点もある。

AのBに対する甲の廉価での売買の申込みは心裡留保によるものであるから原則として有効である。これに対し，AはBの落ち度を指摘して，この意思表示の無効を主張している。しかし，Aは，冗談や社交辞令として甲の売買を持ちかけたわけではなく，転勤の内諾をスムーズに得るためにBをだます目的であえて真意でない表示をしたものであり，表示に対するAの帰責性は重大である。したがって，BがAの申出を真に受けたことが軽率であったとしても，Bに過失はなかったものと評価して，Aの無効主張が封じられ，Bは甲の所有権を取得することができると考えられる。

● Step 3 ← p.50

Ⅰ　94条2項の「第三者」

　本問では，甲にかかるA・B間の売買契約が虚偽表示によるもので無効であることから，Aは売買契約の無効を主張して，Dに対して，所有権に基づき，登記名義を自己の名義に回復するよう求めることができるかが問われている。

　仮にCが悪意であった（虚偽表示について知っていた）場合は，94条1項により甲の売買契約は無効であり，かつ，Cは94条2項の善意の「第三者」として保護されないため，Cは甲の所有権を取得しない。もっとも，もし転得者Dが同項の「第三者」に含まれるとすれば，たとえCが所有権を取得できない場合でも，Dは甲の所有権を取得する余地がある。転得者も虚偽表示の目的につき法律上の利害関係を有する点では直接の譲受人と異なるところはない。また，虚偽表示であったことにつき善意であった場合に，取引の安全の観点からその信頼が保護されるべき点においても同様の立場にあるから，転得者も「第三者」に含まれると解される。そうすると，転得者Dは，善意であった場合，同項により甲の所有権を取得できると考えられる。

　以上の問題とやや異なり，本問においては，虚偽表示の目的である甲の直接の譲受人Cが善意であり，同項により所有権を取得できる一方で，その譲受人（転得者）Dは悪意である。このような場合に，転得者は，権利を有する直接の譲受人から，目的物の権利を取得できるのかが問われている。

Ⅱ　善意の「第三者」からの転得者

　権利者であるCから有効な契約に基づき目的物を譲り受けたDは，虚偽表示の事実につき善意・悪意にかかわらず，有効に権利を取得できるようにも思われる（絶対的構成）。他方で，94条2項は，無効な意思表示を有効であると信じた善意の第三者を保護するものであり，虚偽表示につき悪意の者を保護する必要はないとする見方も可能である。この考え方によると，利害関係者ごとに，善意か悪意かが判断される（相対的構成）。本問の場合，Cへの所有権帰属はA・C間で相対的にのみ認められ，A・D間には94条2項が適用されない結果，A・D間においては甲の所有権がAになお帰属することとなる。

Ⅲ　相対的構成の問題点

　相対的構成による場合，いったんはCに帰属したはずの甲の所有権がその後に悪意の転得者Dが出現したことでAに帰属することになり，所有権の帰属関係が不安定になる。また，善意で甲を取得したCがその後A・B間の事実が虚偽表示であることを知った場合，Dに転売する際に，Dが悪意とならないよう，その事実をDに隠して取引をする必要が生じるが，これでは不誠実な取引態度を助長することになりかねないし，Cが甲を売却する可能性を制約することになりうる。そこで悪意のDによる所有権取得を容認する見方が有力である。もっとも，この見方のもとでも，悪意のDが，外形を信頼して法律上の利害関係に入った第三者を保護するという94条2項の趣旨の裏をかくかたちで意図的に，善意者Cをいわば「わら人形」として介在させたと評価できる場合は，Dによる脱法的な同項に基づく主張を信義則上許さないと解すべきとされる。

第1　問題の所在

　Cは，Bとの間で，甲の売買契約を締結しており，その際に，A・B間における甲の売買契約の締結に際して効果不発生の合意があった事情を知らされていない。よって，Cは民法94条2項の善意の「第三者」にあたる。他方で，Dは，A・B間の事情を知っていた。そこで，善意の譲受人Cからの転得者Dが悪意者である場合に，A・D間の法律関係がどうなるか，問題となる。

問題の提示

Cが94条2項の善意の第三者にあたるという前提を確認し，問題提起をする。

第2　悪意の転得者の処遇

　Aは，虚偽表示を理由として，売買契約が無効であり，甲の所有権はAからBに移転しなかったとCに主張することはできず，CはAから甲の所有権を取得することができる（民法94条2項）。Dは，甲の所有者であるCとの売買契約に基づいて甲の所有権を取得することができ，その効果は絶対的なものであると考えられる（絶対的構成）。そのためA・D間に民法94条2項が適用される余地はなく，Dの善意・悪意は問題にならないと考えられる。

　もっとも，この点については，甲の所有権がCに帰属するという効果はA・C間で相対的に生じるものにすぎず，表示に対する信頼保護の必要性がない悪意のDとの関係では，AはA・B間の意思表示の無効を原則どおり主張できるという考え方もありうる（相対的構成）。

2つの解釈の可能性（絶対的構成 vs 相対的構成）を示している。

ルールの提示

第3　各構成の比較検討

　しかし，相対的構成は所有権をはじめとする物権の帰属関係を不安定なものにする。また善意の譲受人が目的物を転売しようとする際，その処分権の円滑な行使を制約するという副作用をともなうことから，望ましい構成とはいえない。よって絶対的構成によるべきである。もっとも，悪意のDが善意者を介在させるために意図的に，善意のCを取引関係の中にわら人形のように引き込んだ事情が認められる場合には，民法94条2項により甲の所有権をCが取得したとDが主張することは信義に反して許されず，Dの権利取得は認められないと解すべきである。

相対的構成の問題点を指摘し，絶対的構成の立場から例外と考えるべき場合を示している。

第4　結論

　以上により，Dが意図的にCを介在させた特別の事情がない限り，Aは，善意のCからの転得者Dに虚偽表示の無効を対抗することはできず，Aの請求は認められない。

あてはめと結論

どのような場合が例外にあたるかを明示しつつ，原則に従った場合の結論を述べている。

2　94条2項類推適用

● Step 1 ──────────────── ← p. 52

　① 無権利　　② 公信力　　③ 通謀　　④ 外形（外観）　　⑤ 善意　　⑥ 意思

　⑦ 重い（重大な）　　⑧ 無過失

● Step 2 ──────────────── ← p. 55

□1　AはBに店舗用建物の購入に関する代理権を付与して，Bを通じて甲を購入している。代理人が代理権に基づき本人の名において行った代理行為の効果は直接本人に帰属する（→68頁 Ⅵ1）。よって，Aは甲の所有権をZから直接取得する。もっとも，Aは，Bと通じて，自己に所有権が帰属する甲の登記名義をZからBに移しており，通謀して虚偽の所有権移転登記という外形を作出している。94条2項の趣旨に照らし，本質的な点において，Aには，虚偽表示の表意者と同程度の帰責性が認められ，同項の類推適用が認められる。また，真の権利者であるAの帰責性が重いことから，第三者の保護要件も94条2項と同様に「善意」であれば足り，過失の有無は問題とならない。よって，Bへの所有権移転登記が通謀により仮装された事情を知らないCは，94条2項類推適用により甲の所有権を取得することができ，Aの請求は認められない。

□2　AはBと通謀して不実の登記を作出したわけではなく，不実登記はBが勝手に作出したものにすぎない。したがって，Aに虚偽の外形に対して虚偽表示における表意者と同程度の帰責性があるとはいえないようにも思われる。しかし，虚偽の外形を作出しまたはその存続を知りながらあえて放置するなど外形を明示または黙示に承認したとみられる場合には，外形に対する意思的関与があったと評価することができ，94条2項の趣旨が妥当すると考えられる（最判昭和45・9・22民集24巻10号1424頁〔判例30①-13，百選Ⅰ-20〕）。本問では，Aが知らないうちにBが不実登記を勝手に行っているものの，Aは，自己のDに対する借入金債務を担保するためにB名義の甲にBの代理人として抵当権を設定し，抵当権設定登記をしている。これは不実の登記の存続を黙示に承認するものといえる。したがって，94条2項を類推適用でき，また，Aは外形に対する意思的関与があったと評価され，重大な帰責性が認められるから，Cは善意であれば保護される。よって，Aは，その後甲について法律上の利害関係を有するに至ったCに対して，登記名義人Bが所有権を取得していないことをもって対抗することができず，Aの請求は認められない。

● Step 3 ──────────────── ← p. 56

Ⅰ　真の権利者の帰責性（94条2項・110条の法意・類推適用）

　本問の事例は，真の権利者Aと相手方Bが通じて仮登記という虚偽の外形を作出している点において，通謀して虚偽の意思表示を行う場合と類似している。もっとも，真の権利者Aが作出した外形α（仮登記）そのものを第三者Cが信頼したわけではなく，その外形αが，その後，名義人Bにより真の権利者に無断で改変され，改変された後の外形β（本登記）を第三者が信頼していること，つまり第三者が信頼した外形に対して真の権利者の直接的な意思的関与がない（外形が作出される基礎を与えたという限りにおいて間接的に関与したにすぎない）点に特徴がある。このような場合は，94条2項類推適用の本来的な場合にはあたらない。しかし，真の権利者が許容していた範囲を超える行為がされた場合を規律対象とする意味において類似する110条の法意をあわせて援用することにより，第三者の保護

が図られている。

II 第三者保護要件（善意無過失）

　Step 2 の各事例は「意思外形対応型」，Step 3 の事例は「意思外形非対応型」と呼ばれることがある。「意思外形対応型」においては，外形に対する真の権利者の帰責性が重大であるから，第三者は善意であれば，過失の有無を問うことなく，その信頼は正当なものと評価されてよい。他方で「意思外形非対応型」においては，110 条の法意があわせて援用されることから，同条により，第三者の保護要件として善意に加えて無過失も要求されている。

　本問で第三者 C は，B が甲の所有者ではないことについて善意であった。加えて，これについて無過失であれば，C は甲の所有権を取得することができる（A の請求は認められない）。他方，C に過失があれば，A の請求は認められることとなる。

解答例

第 1　問題の所在

　甲は A の所有物であり，C は所有者でない B から甲を譲り受けているので，所有権移転登記をしても，所有権を B から取得することはできないのが原則である。もっとも，C が甲の所有者は B であると信じた登記上の外形のもととなる仮登記は A・B が相通じて作出したものであり，C の信頼した外形の作出に A は間接的に関与している。そのため，民法 94 条 2 項および 110 条の法意により，B が甲の所有者でないことを知らなかった C は甲の所有権を取得することができないかが，問題となる。

問題の提示

無権利の法理の例外として，94 条 2 項・110 条の法意による不実登記に対する信頼保護法理の適用が問題となることを指摘している。

第 2　本人の帰責性と第三者の保護要件

　民法 94 条 2 項は，虚偽の外形に対する意思的関与という重大な帰責性が真の権利者に認められる場合，当該虚偽の外形を信頼して取引した善意の第三者を保護する趣旨の規定である。そして，真の権利者の意思的関与のある外形が越権行為により変形され，その変形された外形を第三者が信頼した場合においては，第三者が信頼した外形に対する意思的関与という重大な帰責性が真の権利者に認められない。よって，第三者は，外形どおりの権利関係があると信じたことにつき過失がない場合に限り，民法 94 条 2 項・110 条の法意により，その信頼を保護される。

ルールの提示

　A は B と通謀して甲にかかる所有権移転登記請求権を保全するための仮登記という虚偽の外形を作出した点において民法 94 条 2 項を類推適用する基盤が存在する。もっとも，C が信頼した B への所有権移転登記の本登記の外形は，A が許容した外形を B が権限なしに改変したものであり，A 自身の意思的関与があるとはいえない。外形に対する意思的関与がある場合と同程度の重大な帰責性は A に認められないから，民法 94 条 2 項および 110 条の法意に照らし，第三者 C は，善意でかつ過失がない場合に限り，その信頼が保護される。なお，C 自身が B から C への所有権移転登記を了しているかどうかは，民法 94 条 2 項・110 条の法理の適用において結論を左右しない。

あてはめ

C が信頼した外形への A の帰責性が 94 条 2 項類推適用の場合と比べて重大とはいえないことを指摘している。

C が無過失かどうかを判断するための事情が示されていない場合には，抽象的に「無過失の場合は……」と場合分けをして解答すればよい。

第3 結論

　以上により，AのCに対する請求は，登記名義人であるBを甲の所
有者であると信じたことにつきCに過失がなかった場合に限り，認め
られない。

結論

3　錯誤

● Step 1 ───────────────────────────────　← p. 57

← p. 57

①　意思　　②　基礎　　③　認識　　④　真実　　⑤　重要　　⑥　表示　　⑦　取り消
⑧　重大な過失（重過失）　　⑨　重大な過失（重過失）　　⑩　同一（共通）
⑪　善意無過失

● Step 2 ───────────────────────────────　← p. 60

← p. 60

□1　Aは，Bとの間でフィリピン・バナナ100カートンを購入する意思を有しているが，カートンと
いう単位の意味を13 kgではなく18 kgであると勘違いしたため，約定した代金額が高すぎると考え
て，支払を拒絶するために，錯誤による取消しを主張している。Aの錯誤は，表示の意味内容に関す
るものであるから，意思表示に対応する意思を欠く錯誤（95条1項1号）にあたる。したがって，そ
の錯誤を理由に契約を取り消すためには，錯誤が契約の目的および取引上の社会通念に照らして重要
なものにあたる必要がある（同項柱書）。13 kgと18 kgの違いは軽微なものではなく，価格算定に大
きく影響するため，取引通念に照らし重要な点に関する錯誤といえる。次にAの重過失も問題とな
りうる。カートンの換算基準が複雑でまぎらわしいものであるとすれば，Aに重過失があったとまで
はいえず，Aは契約を取り消すことができる。仮に重過失があったとしても，Bも同一の錯誤に陥っ
ていた場合，または，Aの錯誤につきBが知っていたか，重大な過失により知らなかった場合は，
取り消すことができる。

□2　Bは，甲を購入する意思をもって，本件売買契約を締結しており，意思表示に対応する意思を有
している。Bの錯誤は，甲の購入を決意する過程における情報収集が不十分であったことに起因し，
すでに中止されていた周辺地域の開発計画が存続しているものと誤信した点にある。つまり，Bの錯
誤は，基礎事情に関する錯誤（95条1項2号）にあたる。

　基礎事情に関する錯誤を理由に契約を取り消すためには，当該事情が法律行為の基礎とされている
ことが表示されていた必要がある（95条2項）。この要件は，従来（平成29年改正前）の，いわゆる
動機の錯誤に関して，動機が表示されて意思表示（法律行為）の内容となった場合に限り95条にお
いて対象となる錯誤となりうるとする考え方を明文化したものと考えられている。

　したがって，Bが開発計画の存続を一方的に信じて，そうした事情を重視していることを内心にと
どめてAに特に告げることもなく，本件売買契約を締結した場合は，基礎事情が「表示されていた」
とはいえず，Bは本件売買契約を取り消すことができない。これに対して，契約交渉の過程で，Bが
Aに対して，比較的高額の代金で購入することを決意した理由として，甲の周辺地域に開発計画があ
ることに言及したうえで，Aとともに金額を確定した場合は，基礎事情が「表示されていた」ものと
評価されうる。そして，周辺地域における開発計画の有無は，Bにとってはもちろん，不動産取引一

V

意思表示

129

般において重要な事柄に属すると考えられる。よって，Ｂは，開発計画の中止が決まっていたことを知らなかったことにつき重過失があった場合を除き，本件売買契約を取り消すことができる。

● Step 3 ← p. 60

Ⅰ 基礎事情の表示

95条2項の「その事情が法律行為の基礎とされていることが表示されていた」といえるには，その事情が両当事者において法律行為の有効性に影響を及ぼしうる前提事情として共有されていたことが必要である。平成29年改正前民法の95条のもとにおける，いわゆる動機の錯誤に関する判例法理によれば，動機の表示は黙示によるものでもよく，錯誤に陥った表意者自身が動機を明示していない場合でも表示があったものと認められていた（最判平成元・9・14判時1336号93頁〔判例30①-12〕）。そして現在の95条2項は，基礎事情の表示主体が誰であるかに着眼していない。同項における基礎事情の表示に関しても，従来の動機の表示と同様に，その表示は黙示によるものでもよく，表示の主体がＡ・Ｂいずれであるかも重要視されないといえる。したがって，本問では，Ａは譲渡所得税に何ら言及していないものの，Ａ・Ｂ間のやりとりから，財産分与にともないＡに譲渡所得税その他何らかの税負担が生じることはないことが本件財産分与の基礎として表示されていたものとみることができる。

さらに，Ａが甲の所有権を失ったうえに，2億円以上の譲渡所得税をさらに負担することは，Ａが本件財産分与の意思表示をするかどうかの判断を左右する事情にあたり，かつ取引上の社会通念に照らしても，重要な事情であるとみることができる。

Ⅱ 表意者の重過失

次に，財産分与をする側に譲渡所得税が生じるという法の不知についてＡに重過失があると評価される可能性がある。そこで，95条3項1号または2号の適用可能性が問題となる。この点，Ｂの応答はあいまいであり，一義的な評価は難しい。仮にＢもＡと同様に譲渡所得税がＡに課せられることはないと誤信していたのであれば，同一の錯誤にあたる。また，ＢがＡよりも税に関する知識を豊富に持ちあわせており，Ａの誤解に気づきながらあえて指摘しなかった場合や，わずかな注意を払いさえすれば誤解に気づくことができたはずだといえる場合には，Ａの錯誤につき，Ｂに悪意または重過失があるとも評価されうる。これらに該当すれば，仮にＡに重過失があるとされたとしても，95条3項が適用されず，Ａは，錯誤を理由として，本件財産分与の意思表示を錯誤に基づき取り消すことができる。

解答例

第1 問題の所在

Ａは，錯誤を理由として，離婚にともなう財産分与として甲をＢに譲渡する旨の意思表示を取り消すことができるかが問題となる。

> **問題の提示**
> 錯誤を理由に本件財産分与を取り消すことができるか，という問題提起をする。

第2 基礎事情に関する錯誤を取り消すための要件

Ａは，婚姻中に自己の名前で取得した財産（民法762条1項）である甲をＢに譲渡するに際し，甲の譲渡にともない自己に多額の譲渡所得税が課せられることを知らず，むしろＢに何らかの課税がされることを前提としていた。つまり，Ａの錯誤は，「法律行為の基礎とした事情についてのその認識が真実に反する錯誤」（民法95条1項2号）にあたる。

> 錯誤の類型（基礎事情錯誤であること）を確認している。

Ａの錯誤が取り消しうるものとなるためには，Ａが錯誤に陥った当該事情が法律行為の基礎とされていることが表示されており（民法95条

> **ルールの提示**

2項），かつ，その錯誤が法律行為の目的および取引上の社会通念に照らして重要なもの（同条1項柱書）である必要がある。

あてはめ

Aは，税金の負担がBに生じることを気遣う発言をしただけで，具体的に譲渡所得税の負担がAに課せられないことを法律行為の基礎となる前提事情として明示したとはいえない。しかし，Aの発言は，譲渡する自分の側に譲渡所得税を含む何らかの税金が課せられることはないという暗黙の理解を前提としている。つまり譲渡所得税が誰に課せられるのかという基礎事情に関する黙示の言明を含むものと解することができ，そうした基礎事情につきAは錯誤に陥っている。

95条2項の要件をみたすことを確認している。

そして，重要財産である不動産を失ううえに多額の譲渡所得税が課せられる結果に関わる錯誤は，本件財産分与の意思表示をしたAの目的に照らし，また取引上の社会通念に照らしても，重要なものとみることができる。

95条1項柱書の要件をみたすことを確認している。

第3　表意者の重過失

次にAの重過失が問題になりうるものの，専門家でないAが離婚にともなう財産分与の際に問題となる課税に関するルールを正確に理解しておらず，この点につき事前に専門家に相談しなかったとしても，そのことをもって重過失があったとはいえない。仮に重過失があったとしても，Bも同一の錯誤に陥っていたとみられる場合や，Bが税に関する専門家であったため，Aの錯誤を認識していたか，認識していなかったとしても重過失があると評価できる場合には，Aは錯誤を理由として，本件財産分与の意思表示を取り消すことができる（民法95条3項）。

ルールの提示
あてはめ

Aの重過失の有無は設問の事実から判然としない。このようなときは，場合分けをして回答するとよい。

第4　結論

以上により，Aは，錯誤を理由として，本件財産分与の意思表示を取り消し，Bへの所有権移転登記の抹消を請求することができる。

結論

4　詐欺・強迫

● Step 1　　　　　　　　　　　　　　　　　　　　　　　　　　　　　　　← p. 62

① 欺罔　　② 錯誤　　③ 故意　　④ 強迫　　⑤ 畏怖
⑥ その事実を知り，または知ることができた　　⑦ 詐欺　　⑧ 善意無過失　　⑨ 強迫

● Step 2　　　　　　　　　　　　　　　　　　　　　　　　　　　　　　← p. 64

□1　近隣の開発計画が存在しないというBの説明は事実に反し，適法なセールストークとして許容されるものではないから，違法な欺罔行為にあたる。しかし，Bが必要な調査を怠っていたため開発計画の存在を認識していなかったとすれば，Bには，過失はあるが，Aを錯誤に陥らせて意思表示をさせる意図があったとまではいえない。これに対して，Bが開発計画の存在を認識したうえで，甲の購

入をAに決意させるために，あえて事実に反する説明をしたと認められる場合は，Bに「故意」があったといえる。この場合に限り，Aは，96条1項に基づき，購入の意思表示を取り消すことができる。

　もっとも，本問の売買契約は事業者Bと消費者Aとの間で締結されており，消費者契約にあたるから，Bの故意の立証が難しい場合でも，重要事項（消費者契約法4条5項）につきBが不実告知をしたことに基づく取消し（同条1項1号）がAに認められる可能性がある。

□2　人に向かってナイフを突きつけて契約の締結を強要する行為は，違法な強迫行為にあたる。そこで，Bの強迫行為によりAが畏怖を感じて甲をCに売却する意思表示をしたといえるかが問題となる。畏怖にあたるかどうかは，明示または黙示に告知される害悪により，表意者が畏怖し，その結果として意思表示をしたという関係が主観的に存在すれば足り，完全に意思の自由を失ったことまでは必要がないと解されている。本問では，Bの強迫行為によりAが畏怖して意思表示をしており，このような場合，通常はBに強迫の故意も認められるから，Aは，96条1項に基づき，売却の意思表示を取り消すことができる。詐欺の場合（96条2項）と異なり，取消原因の存在についての相手方Cの認識可能性の有無は問題にならない。

□3　甲の売買契約に際して，買主Bが自己の支払能力につき嘘の説明をしたことは違法な欺罔行為にあたる。また，多重債務を負うBがAから購入した甲を直ちにCに転売して代金を受領していることから，Aを錯誤に陥らせて甲を売却する意思表示をさせようとする意図（故意）も推認される。よって，Aは，96条1項に基づき，売却の意思表示を取り消すことができる。取消しにより売買に基づく甲の所有権移転は最初からなかったことになるから（121条），Aは所有権に基づき，Cに対して甲の返還を求めることができる。もっとも，CがA・B間の売買契約が詐欺により取消し可能であることを知らなかったことにつき，過失がなかったと評価される場合は，Aは取消しをCに対抗することができない（96条3項）。

　なお，96条3項の「第三者」は，保護を受けるために，自己の所有権取得につき登記を備えている必要はない。177条は，不動産の物権得喪につき登記をしないと第三者に対抗することができないと定めている。このことから，不動産につき所有権の移転などの物権変動があった場合，その効力を第三者に主張するには，対抗要件として登記を備える必要がある。これによると，Cは，甲の所有権取得をAに対抗するには，登記を備えている必要があることになりそうである。しかし，本問では，取消しによる物権変動の遡及的消滅から善意無過失の第三者を保護するための要件が問われており，177条は適用されない。そのため，対抗要件としての登記を備えているかどうかは，96条3項の「第三者」の要保護性を左右しないと解されている（最判昭和49・9・26民集28巻6号1213頁〔百選I-23〕）。しかし，契約の締結だけでは十分でなく，登記の具備その他の履行行為がされていることを第三者の要保護性の判断に加味するとする見解も主張されている。

● Step 3 ————————————————————————————— ← p. 65

I　問題の所在

　Aは，Bの欺罔行為により自己が所有する甲をCに売却し，Cへの所有権移転登記をし，さらにCがDに甲を転売した後で，甲を売却する意思表示を詐欺によるものとして取り消すことを考えている。そこで，①Aは甲の売却の意思表示をBの詐欺によるものとして取り消すことができるか，②仮に取り消すことができる場合，取消しをDに対抗できるか，の2点が問題になる。

II　詐欺による取消しの可否

　96条1項の要件との関係では，違法な欺罔行為の存在および欺罔行為者に故意があったかどうかを，

設問の事実を拾いながら検討する必要がある。

　次に，BはA・C間の売買契約の第三者であることから，Aによる甲の売却の意思表示がBの詐欺を理由に取り消しうるものであるという事情をCが知っていたかどうか，あるいは知ることができたかどうかを検討する必要がある（同条2項）。

Ⅲ　詐欺による取消しの効果

　96条1項および2項の要件をみたし，甲の売却の意思表示を取り消すことができるとしても，Aは，取消しによる物権変動の遡及的消滅を善意無過失の第三者に対抗することができない（同条3項）。よってDが善意無過失の「第三者」にあたるかが問題となる（→66頁 Column 3）。同条3項の「第三者」とは，詐欺による意思表示の目的につき法律上の利害関係を有するに至った者であり，取消しの遡及効によって影響を受ける者，すなわち取消しの意思表示前に意思表示の目的につき法律上の利害関係を得るに至った者を指す。法律上の利害関係を有する「第三者」には，意思表示の目的について，これを譲り受けた者，制限物権の設定を受けた者，差押債権者などが含まれる。また善意無過失とは，取引上要求される注意を尽くしても，意思表示が詐欺を理由に取消しが可能であることを知ることを期待できなかったことをいう。

　Dは，Aの取消しより前に甲を譲り受けた「第三者」であり，Bによる詐欺の事実を知らない。したがって，Dがこの事実を知らなかったことにつき過失がなかった場合に限り，96条3項により，AはDに対抗することができず，Dに対する請求は認められない。

解答例

第1　問題の所在

　本件売買契約の締結に際して欺罔行為を行ったBは契約の当事者ではなく，第三者にあたる。したがって，Aが，Bの詐欺を理由に，Cに甲を売却する意思表示を取り消すことができるためには，民法96条1項および2項の要件をみたしている必要がある。

【問題の提示】

第2　詐欺取消しの要件

　第三者による詐欺を理由とする意思表示を取り消すための要件は，違法な欺罔行為により表意者が錯誤に陥ったことで意思表示をしたこと，表意者を錯誤に陥らせ，その錯誤により意思表示をさせる意図（故意）が欺罔行為者にあったこと，詐欺により意思表示がされた事実を相手方が知っているか，知ることができたことである。

【ルールの提示】

96条1項および2項の規範を定立している。

　まず，Bは，Aに虚偽の事実を述べて，躊躇するAに甲の売却を決意させており，取引通念上許される範囲を超える違法な欺罔行為にあたる。また，Aを錯誤に陥らせ，その錯誤により意思表示をさせる意図（故意）も認められる。よって，民法96条1項の要件をみたす。

【あてはめ】

1項の要件をみたすことを確認している。

　次に，欺罔行為をしたBは，第三者であるから，Cが，Aの意思表示が詐欺理由に取り消しうるものであるという事情につきCが知っていたか，知ることができた場合に限り，Aは甲を売却する意思表示を取り消すことができる。本件売買契約の締結の際，Cは，AがBから虚偽の説明を受けて，錯誤に陥って甲を売却する意思表示をしていることに気がついていた。つまり，Cは上記事情を知っていたといえ，民法96条2項の要件もみたす。

2項の要件をみたすことを確認している。

　よって，Aは甲を売却する意思表示を取り消すことができる。

【結論】

第3　善意無過失の第三者への対抗

　詐欺による意思表示を取り消すことができるとしても，民法96条3項により，善意でかつ無過失の第三者に対抗することはできない。

　同項の「第三者」は，取消しの意思表示前に意思表示の目的につき法律上の利害関係を得るに至った者をいう。

ルールの提示

96条3項の「第三者」の意義に関する規範を定立している。

　Dは，Aが詐欺を理由に甲を売却する意思表示を取り消すまでにCから甲を譲り受けることで，意思表示の目的につき法律上の利害関係を有しており，同項の「第三者」にあたる。しかしDは，Cに対して，手段を問わず債務の返済のために不動産を取得するよう強要したうえで，多額の債務を負うCが突然Aの別荘である甲を入手できたのは不自然であるにもかかわらず，その背景事情を何ら問うことなく，漫然と甲を譲り受けた。よって，Dは悪意でなかったとしても，少なくとも過失があり，Aは取消しをDに対抗することができる。

あてはめ

Dに過失があったという評価の根拠を示して，あてはめを行っている。

第4　結論

　以上により，AはBの詐欺を理由として，甲の売却の意思表示を取り消して，その取消しをDに対抗することができ，Dに対して登記名義の回復を求めることができる。

結論

Ⅵ 代理

1 代理総論・有権代理

● Step 1 ——————————————————————————— ← p. 68

① 代理権　② 本人　③ 本人　④ A　⑤ 代理人　⑥ 本人　⑦ 代理人
⑧ 代理人　⑨ できない　⑩ できる

● Step 2 ——————————————————————————— ← p. 70

□1　Cは，Aに対して代金の支払を求める債権を取得する。Bは，Aから代理権を与えられており，
顕名（けんめい）をしたうえでCとの間で甲の売買契約を締結している。このため，契約はA・C間で効果を生
じ，それによって，Cは，売主として，Aに対する代金債権を取得する。また，契約の効果として甲
の所有権がCからAに移転するとともに，Aは，買主として，Cに対して甲の所有権移転登記や引
渡しを求める債権を取得する。

□2　Cは，Aに対する代金債権を取得しない。代理人として行為したBは，Aから土地を買うことに
ついて代理権を与えられていないから，代理の要件をみたさない（無権代理になる）。このため，契
約はA・C間で効果を生じないのが原則である。この場合，無権代理人は相手方に対して責任を負う
（→78頁 Ⅵ3）。また，表見代理が成立するときには，例外として，代理が成立したのと同様の効果
を生じる（→82頁 Ⅵ4）。

□3　Cは，Aに対する代金債権を取得しない。代理人Bが顕名をしなかった場合，Bがした意思表示
は，AではなくB自身のためにしたものとみなされ，締結された契約の効果もAではなくBに帰属
する（Cは，Bに対する代金債権を取得する）。相手方Cからは，Aが契約当事者になることが予想で
きず，意外な当事者を押し付けられることで不利益が生じる危険があるからである（Bならば財産も
あって代金を払えるだろうと信頼していたところ，財産のないAが実は買主だったということもありう
る）。ただし，本問とは異なり，BがAのために意思表示をしていることについて，Cが知っている
とき（Cが悪意のとき），またはCが知ることができたとき（Cに過失があるとき）には，こうしたC
を保護する必要はないから，代理が成立したものとして扱い，締結された契約の効果は，AとCの
間に生じる。

● Step 3 ——————————————————————————— ← p. 71

　Bは，Aの法定代理人として，Aを代理して，Cとの間で契約を締結しようとしている。このように，
代理行為が行われる場合に，代理が有効に成立するための要件は，①代理権の存在と，②顕名である。
小問(1)では，そのことを示したうえで，設問の中から要件をみたす事実をあてはめよう。
　小問(2)では，Cが錯誤を理由として契約を取り消すことができるかを判断するために，Cからみた
「相手方」が，Cが錯誤（おちい）に陥っていることを知っていたかが問題となる。代理による契約が，ある事情
を知っていたことによって影響を受けるべき場合には，その事実の有無は代理人について決すること に

なっている。そのことを示したうえで，代理人Bが Cの錯誤を知っていたことを踏まえて解答しよう。

┌─────────┐
│ 解答例 │
└─────────┘ _____

小問(1)

第1　問題の所在

　小問(1)では，法定代理人である親権者Bが子Aの名でCとの間で
締結した契約の効果が誰に帰属するかが問題になっている。そこで，B
のした行為が代理の要件（民法99条）をみたすかを検討する。

┤ 問題の提示

第2　代理の成立について

1　代理の要件

　民法99条によれば，代理が成立し，代理人のした行為の効果が本人
に帰属するためには，①代理人がその行為について代理権を有していた
こと，②代理人がその行為をするにあたって本人のためにすることを相
手方に示していたことが必要である。

┤ ルールの提示

代理の成立要件を代理権の存
在と顕名の2つに分けて書
いている。

2

① 代理権の存在について

　親権者は，「子の財産を管理し，かつ，その財産に関する法律行為に
ついてその子を代表する」（民法824条本文）と定められており，これ
は，親権者に子を代理する代理権を与える趣旨と解されている。

　本問において，親権者であるBは，その子Aを代理する代理権を有
しており，要件①をみたす。

┤ あてはめ

② 顕名について

　本問においてBは，契約書に「A法定代理人親権者B」との形式で
Aの名を書くことによって，この契約をAのためにすることを相手方
Cに示している。このため要件②もみたされる。

┤ あてはめ

2つに分けて書いた要件のそ
れぞれについて，それをみた
す事実があることを確認して
いる。ここでは，2つともみ
たされているので，代理が成
立する。

第3　結論

　要件をすべてみたすことから，BがCとの間でした契約はAのため
の代理と認められ，その契約の効果はAに帰属する。このため，甲の
所有権はAからCに移転し，契約から生じる代金債権もAが取得する。

┤ 結論

小問(2)

第1　問題の所在

　小問(2)では，代理行為の相手方Cに錯誤があり，これを理由にCが
契約を取り消すことができるかが問題となっている。そこで，錯誤の要
件（民法95条）をみたすかを検討する。

┤ 問題の提示

第2　錯誤の成立について

1　錯誤の要件

　民法95条の定める錯誤の要件を，本問に関係する範囲で書き出すと，
まず①意思表示に対応する意思を欠く錯誤であって，②その錯誤が法律
行為の目的および取引上の社会通念に照らして重要なものであることが

┤ ルールの提示

必要である（同条1項）。さらに，③錯誤が表意者の重大な過失による
ものであった場合には，（ア）相手方が表意者に錯誤があることを知り，
または重大な過失によって知らなかったときか，（イ）相手方が表意者と
同一の錯誤に陥っていたときでなければ，表意者は錯誤を理由とする取
消しを行うことができない（同条3項）。

本問は錯誤による取消しの可否が問題になっているから，まず，錯誤の要件を説明している。

2 錯誤の成立

本問において，①②の要件がみたされることは，問題文に書かれてい
るとおりである。また，③表意者Cは，重大な過失によって錯誤に陥
ったとあるため，Cが契約を取り消すためには，前記（ア）（イ）のいずれ
かにあたる必要がある。

`あてはめ`

`問題の提示`

3 錯誤についての悪意の判断

ここで問題となるのは，「相手方が……知り」という要件について，
本人Aと代理人Bのどちらの認識を基準として判断するかである。

これについて，民法101条2項は，相手方が代理人に対してした意
思表示の効力が意思表示を受けた者がある事情を知っていたことによっ
て影響を受けるべき場合には，その事実の有無は，代理人について決す
るものと定めている。

`ルールの提示`

錯誤による取消しの要件がみたされるかの検討の中で，代理に関する問題が出てきたため，101条2項が定めるルールを説明している。

本問において，代理人Bは，Cの錯誤について認識していた。この
ため，民法95条3項1号のいう「相手方が表意者に錯誤があることを
知」っていた場合にあたる。

`あてはめ`

第3 結論

以上より，Cは契約を取り消すことができる。

`結論`

VI

代理

---

2 代理権の制限・代理権の濫用

● Step 1 ─────────────────────── ← p. 73

① 相手方　② 当事者双方　③ 自己契約　④ 双方代理
⑤ 債務の履行　⑥ 本人があらかじめ許諾した行為
⑦ 代理人と本人との利益が相反する行為　⑧ 濫用　⑨ 知り，又は知ることができた
⑩ 自己契約　⑪ 双方代理　⑫ 利益相反行為

● Step 2 ─────────────────────── ← p. 76

□1 Bのした代理行為は有効な代理によるものである。Bは，自らが売主になるとともに，相手方
（買主A）の代理人になっており，自己契約にあたる。しかし，自己契約にあたる場合でも，本人が
あらかじめ許諾しているのであれば，本人の利益が害されるおそれがないので，代理権を制限する必
要はない（108条1項ただし書）。本問では，Aが了承しているのだから，Bがした行為は自己契約と
して無権代理行為とされることはなく，その効果がAに及ぶ。

□2　Ｂは，Ａ・Ｃの両方を代理して登記手続を行うことができる。契約の当事者双方の代理人を兼ねることは，双方代理にあたる。しかし，すでに結ばれた売買契約に基づく債務（土地所有権移転登記手続に協力する債務）を履行するだけであれば，双方代理であっても本人の利益が害されるおそれはないので，代理権を制限する必要はない（108条1項ただし書）。このため，ＢがＡ・Ｃ双方を代理して，登記手続を行ったとしても，双方代理として無権代理とされることはない。

□3　Ｂのした代理行為は，利益相反行為として，代理権を有しない者がした行為とみなされる（つまり無権代理行為となる）。Ｂは，Ａの代理人としてＣとの間で契約を締結しているので，自己契約・双方代理にはあたらない。しかし，この代理行為によって設定される抵当権は，Ｂの債務を担保するものである。このように，本人の所有物に代理人の債務を担保するための担保権を設定することは，行為の外形からみて本人の不利益によって代理人が利益を受けるという利益相反の関係を生じさせるものである。このため，利益相反行為として，代理人のした行為は，代理権を有しない者がした行為とみなされる（108条2項本文）。

● Step 3 ─── ← p. 76

　本問では，Ｂは，Ａの代理人であると顕名し，Ａから与えられた代理権の範囲内の行為をしているから，有効な代理行為が行われているようにみえる。しかし，Ｂは，売買代金を自己の借金の弁済にあててしまおうと考えていたのだから，自己の利益を図る目的をもっていたことになり，代理権を濫用しているといえる。このため，相手方Ｃが，Ｂが自己の利益を図る目的をもっていることについて，知っているか，知ることができたときに，Ａは，Ｂのした行為が無権代理行為であり，Ｂが締結した契約の効果はＡに帰属しないとして，Ｃからの請求を拒むことができる。

┌─ 解答例 ─┐

第1
　設問では，代理人Ｂが締結した契約の効果がＡに帰属するか否かが問題になっている。まず，代理人Ｂのした行為が代理の要件（民法99条）をみたすかを検討し，これをみたすとしたときには，代理権濫用によってＢの行為が無権代理行為とみなされないかを検討する。

> 問題の提示

第2　代理の成立について
　民法99条によれば，代理が成立し，代理人のした行為の効果が本人に帰属するためには，①代理人がその行為について代理権を有していたこと，②代理人がその行為をするにあたって本人のためにすることを相手方に示していたことが必要である。

> ルールの提示①
> 代理の成立要件を代理権の存在と顕名の2つに分けて書いている。

　本問では，Ｂは，甲土地を売るための代理権をＡから与えられていたというのであるから，要件①をみたす。また，Ｂは，契約の締結にあたって，「Ａ代理人Ｂ」と署名することで，契約の効果が本人Ａに帰属することを示していたことから，要件②をみたす。

> あてはめ①
> 2つに分けて書いた要件のそれぞれについて，それをみたす事実があることを確認している。ここでは，2つともみたされているので，代理が成立する。

　要件をすべてみたすことから，Ｂのした契約締結はＡのための代理と認められ，その契約の効果は，原則としてＡに帰属する。

> 結論①

第3　代理権の濫用について

しかし，Bが自己の利益を図る目的でこの契約締結を行っていたことから，代理権の濫用が問題となる。

問題の提示

民法107条によれば，代理権の濫用とは，代理人が自己または第三者の利益を図る目的で代理権の範囲内の行為をすることをいう。そしてこのとき，相手方がその目的を知り，または知ることができたときは，その行為は無権代理行為とみなされ，本人に効果が帰属しないこととなる。

ルールの提示②

要件を，何が代理権の濫用になるかと，相手方の態様との2つに分けて説明している。

本問では，Bは，契約締結により支払われる代金を，自己の借金の弁済にあてる意図を有しており，自己の利益を図る目的があったといえる。しかし，Bのこうした目的をCが知っていたことはうかがわれないし，知ることができたはずだといえるような事情も存在しない。このため，代理権の濫用を理由として，Bのした行為が無権代理行為とみなされることはない。

あてはめ②

本問では，代理権の濫用にはあたるものの，相手方が悪意とも過失があるともいえないため，代理人の行為を無権代理行為とみなすことはできないことを説明している。

したがって，契約の効果はA・C間で生じており，AはCからの請求を拒むことができない。

結論

VI

代理

3　無権代理

● Step 1　　　　　　　　　　　　　　　　　　　　　　　　　　　　　　　　　← p. 78

① 無権代理　　② 顕名　　③ 代理権の存在　　④ 追認　　⑤ 拒絶された　　⑥ 悪意
⑦ 催告　　⑧ 取消　　⑨ 損害賠償

● Step 2　　　　　　　　　　　　　　　　　　　　　　　　　　　　　　　　　← p. 80

□1　Aが所有権を取得することも，CがAに対する代金債権を取得することもない。Bは，Aの名を顕名してその代理人としてCとの間で甲の売買契約を締結しているが，そうした契約を締結する代理権を有していない。このため，代理は無効であり，Bが締結した契約の効果はAに帰属しない。このため，甲の所有権がCからAに移ることもなく，AとCの間で債権・債務関係が生じることもない。

□2　代理の効力は生じない。無権代理の相手方は，本人が追認も追認拒絶もしていないときに，相当の期間を定めて，追認をするかどうかを確答するように催告することができる。「相当の期間」としてどのくらいの期間が必要であるかは，契約の内容によって変わりうるものであり確定的な日数をいうことができるものではないが，ここで問題となっているような契約であれば，1か月もあれば，Bが締結した契約の内容を精査し，甲を購入するか否かを判断するのに十分であると考えられる。そして，相当の期間が経過しても，本人からの確答がなかった場合には，追認は拒絶されたものとみなされる。本問では，Aからの確答はなかったのであるから追認が拒絶されたものとみなされ，代理は効力を生じない。

□3 代理の効力が生じる。無権代理の場合，相手方は契約の取消権をもつが，取消権を行使できるのは，「本人が追認をしない間」に限られる。本問では，Ｃが取消しの意思表示をしたときには，Ａはすでに追認の意思表示をしていたのだから，取消しは効力を生じない。そしてＡの追認によって代理の効力が生じていることになる。

● Step 3 ──────────────────────── ← p. 81

Ⅰ　無権代理人の責任の要件

代理人として行為した者が代理権をもたず（つまり無権代理人であり），本人から追認も得られないときには，相手方は，無権代理人に対して，契約の履行または損害の賠償を求めることができる（117条1項）。

ただし，次の3つの場合には，無権代理人はこの責任を負わない。①無権代理であることについて，相手方が知っていたとき（同条2項1号）。②無権代理であることについて相手方が過失によって知らず，かつ，代理人の側も自分が代理権をもたないことを知らなかったとき（同項2号）。①②の場合には，無権代理人に負担を課してまで相手方を保護する必要がないと評価されるからである。さらに③無権代理人が制限行為能力者（→17頁 Ⅱ2）であったときにも，無権代理人は責任を負わない（同項3号）。制限行為能力者に対する保護を優先する趣旨である。

Ⅱ　無権代理人の責任の効果①──契約の履行

117条の責任が成立するときの効果を説明しよう。まず，相手方は，無権代理人に対して，契約の履行を請求することができる。

無権代理人も相手方も，お互いを契約の当事者とする意思はなかった（本人と相手方に契約の効果を帰属させる意思であった）のだから，本来，無権代理人は契約当事者とならず，契約の履行を請求されることもないはずである。しかし，民法は，無権代理という事態を生じさせた無権代理人に特別の責任を負わせることにし，相手方が，無権代理人に対して契約の履行（たとえば目的物の引渡しや登記の移転）を求めることができるとした。このとき，無権代理人の側からもその契約に基づく反対給付の履行（たとえば代金の支払）を相手方に対して求めることができる。

もっとも，本問のように，無権代理人が契約の目的物を所有していないような場合には，無権代理人が契約を履行することは不可能であるから，相手方は契約の履行を請求することができない。この場合には，次に説明する損害賠償のみが問題となる。

Ⅲ　無権代理人の責任の効果②──損害賠償の範囲

117条の責任が成立するときの効果として，もう1つ，相手方は，無権代理人に対して，損害賠償を請求することができる。相手方は，無権代理人に対して，契約の履行を請求するか，損害の賠償を請求するか，自由に選択することができる（もちろん，本問のように，無権代理人が契約を履行することができない場合には，損害の賠償を請求するしか選択肢がない）。

賠償される損害は，契約が履行されていれば得られたはずの利益（履行利益）に及ぶと解されている。なぜなら，相手方は，無権代理人に対して，契約の履行を請求することも認められているのだから，履行そのものを請求せず，損害賠償として金銭の支払を受けるときにも，契約が履行されたのと同じ利益状況になるよう請求できると考えられるからである。履行利益の典型例は，本問にあるような転売利益である。

┌─────────
│ 解答例
└─────────────────────────────

第1　問題の所在

本問で，Ｂは，抵当権の設定については代理権を有しているが，甲の ┐ 問題の提示

売却については代理権を有していない。このため，B は，売買契約の締結について，無権代理人であったことになる。そこで，C が B に対して無権代理人の責任として何を請求できるのかを検討する。

B が無権代理人であることを，B のもつ代理権の範囲から説明している。

第2　無権代理人の責任の要件

民法 117 条が定める無権代理人の責任は，無権代理行為について本人の追認が得られなかったときに生じる（同条 1 項）。

ただし，相手方が，無権代理人が代理権をもっていないことを知っていたとき（同条 2 項 1 号），無権代理であることを相手方が過失によって知らず，かつ，無権代理人自身が自己に代理権がないことを知らなかったとき（同項 2 号），または，無権代理人が制限行為能力者であったとき（同項 3 号）には，こうした責任は生じない。

本問では，本人 A は，追認を拒絶している。そして，相手方 C は，B が代理権をもたないことを知らず，知らないことについて過失もなかったのであるから，民法 117 条 2 項 1 号と 2 号のいずれにもあたらない。また，B は，行為能力の制限を受けていなかったのであるから，同項 3 号にもあたらない。このため，民法 117 条の要件はみたされる。

`ルールの提示`

117 条の定める要件を，原則と例外（「ただし」以下の部分）に分けて説明している。

`あてはめ`

要件を示した後，設問に表れた事実をあてはめて，要件がみたされるかどうかを検討している。

第3　責任の内容

民法 117 条の要件がみたされるとき，相手方は，無権代理人に対して，契約の履行または損害の賠償を請求することができる。

もっとも，本問においては，B は，目的物である甲土地の所有権を有しておらず，また A が追認を拒絶していることからすると，C は，B に対して，契約の履行を請求することはできない。そこで，損害賠償が問題となる。

民法 117 条の損害賠償は，契約が履行されていれば相手方が得たはずの利益に及ぶと解されている。そこで，C は，契約が履行されていれば得られたはずの転売利益 100 万円を，損害賠償として B に対して請求することができる。

`ルールの提示`

`結論`

117 条の効果のうちの損害賠償請求について，賠償の範囲が履行利益に及ぶことを説明したうえで，本問では転売利益がこれにあたることを説明している。

VI

代理

4　表見代理

● Step 1 ——————————————————— ← p. 82

① 無権代理　　② 表見代理　　③ 代理権を与えた旨　　④ 権限外の行為　　⑤ 消滅
⑥ 善意無過失

□1 Bが実際には代理権を与えられていないことについて，Cが善意無過失であれば，表見代理が成立し，Cは，Aに対して代金の支払を請求することができる。本問で，本人Aは，相手方Cに対して，無権代理行為をしたBに代理権を与えたかのような表示（代理権授与表示）を行っている。このため，109条1項の表見代理の成立が問題となっている。なお，仮に，BがAを無権代理して締結した契約が，800万円で商品を買い付ける旨の契約であった場合，代理権授与表示で示された代理権の範囲を超えているため，109条2項の問題となる。この場合には，800万円の取引についてもBに代理権があるとCが信ずべき正当な理由があるとき（800万円の取引について代理権がないということについてCが善意無過失であるとき）にのみ，表見代理が成立する。

□2 表見代理は成立しない（CはAに対する請求ができない）。委任状は無権代理人Bが偽造したものであり，Bに過去または現在において何らかの代理権があることがうかがわれないので，109条，110条，112条のいずれかにあたるような事実はない。代理人としてふるまうBに代理権があると相手方Cが信じ，そのことについて仮に過失がなかったとしても，それだけでは表見代理は成立しないことに注意しよう。

□3 表見代理が成立し，Cは，Aに対して融資金の返還を求めることができる。本問では，委任契約が解除されることによって，Bの代理権も消滅している（111条2項。651条1項も参照）。そして，その後に，Bは，もともとの代理権の範囲内で無権代理行為を行っている。このため，112条1項の表見代理の成立が問題となっている。Bの代理権が消滅したことについて，Cは過失なく知らなかったのであるから，要件がみたされ，表見代理が成立する。なお，仮に，BがAを無権代理して締結した契約が，800万円の融資を受けるというものであった場合，Bがもともと有していた代理権の範囲を超えているため，112条2項の問題となる。この場合には，800万円の融資を受けることについてBに代理権があるとCが信ずべき正当な理由があるとき（800万円の融資を受けることについてBに代理権がないということについてCが善意無過失であるとき）にのみ，表見代理が成立する。

110条は，表見代理が成立するためには，代理人の権限があると相手方が信ずべき「正当な理由」があることを要件としている。そして判例は，この「正当な理由」とは，相手方の善意無過失，すなわち無権代理であることについて相手方が知らず，知らないことについて過失がないことを意味していると解釈している。

では，そこでいう「過失」はどのように判断されるか。これについて判例（最判昭和51・6・25民集30巻6号665頁〔判例30①-21，百選I-29〕）の示した枠組みに沿って説明をすると，次のとおりとなる。

まず，原則として，代理権を授与する旨を記した書類（委任状）に実印が押されるとともに印鑑証明書が添付されているのであれば，特段の事情のない限り，代理人として行為する者に代理権があると相手方が信じたことについて正当な理由があったと評価してよい。実印と印鑑証明書を用いることは，日常取引において本人の意思確認の手段として重要な機能を果たしているからである。

しかし，そうした事情があるときでも，代理人として行為する者が本当に代理権をもつのかを疑わせるような不審事由があるときには，相手方は，たとえば本人に直接連絡をして確認するなど，可能な手段によって本人の意思を調査・確認する義務を負う。そしてそうした調査・確認義務を怠ったときには，正当な理由がない（相手方には過失がある）として，表見代理の成立が否定される。

より慎重な調査・確認の義務を相手方に生じさせる不審事由としては，（ⅰ）委任状などの書類に改竄の跡がうかがわれるとか，実印でなく三文判が押されているなど，関係書類に不自然な点がある場合，（ⅱ）保証人になるとか重要な財産を売却するといったような本人に重い責任を負わせる取引のように，取引の内容からして他人任せにすることが稀と考えられる場合，（ⅲ）取引が本人ではなく代理人として行為する者の利益になるものであるなど，代理人として行為する者が利己的・恣意的に取引を進めようとする危険を含むものである場合，（ⅳ）本人と同居しているなど，代理人が本人の実印や重要書類などを本人の了解なく入手する危険がある場合などが挙げられる。

　実際に過失の有無（正当理由の有無）を判断するには，こうした不審事由から生じる代理人の権限に対する疑問の大きさと，相手方がとりうる調査・確認の手段の容易さとを総合的に考量することになる。

解答例

第1　問題の所在

　設問において，Aは，M社がC社に対して負う代金債務の根保証人となることは聞かされておらず，その根保証契約締結のための代理権をBに与えていない。このため，BがAを代理してCとの間で締結した根保証契約は無権代理行為となる。

　そして，Bは，これとは別の契約（社員寮用建物の賃借における保証契約）締結のための代理権をAから与えられていたのだから，これを基本代理権とする民法110条の適用が問題となる。

> **問題の提示**
>
> この設問で110条の適用が問題となることを，Bが基本代理権をもつことから説明している。

第2　民法110条の要件

　民法110条は，①代理権を有する者がその権限外の行為をしていること，そして②この者に権限があると相手方が信じることについて正当な理由があることを要件としている。

> **ルールの提示**

　このうち，①の要件がみたされることは第1に述べたとおりである。②の要件のうち，相手方Cが代理人Bに権限があると信じていたことは認められるが，それについて正当な理由があるといえるかが問題となる。

> **問題の提示**
>
> 110条の定める要件を掲げたうえで，この設問で問題になるのがどの要件であるかを絞り込んでいる。

第3　正当な理由の有無

　代理権を授与する本人の意思の確認が実印と印鑑証明書を用いて行われるときには，原則として，民法110条の「正当な理由」が存在すると解される。しかし，そうした場合でも，代理人として行為する者が代理権をもつのかについて疑問を生じさせるような不審事由があるときには，相手方は，調査・確認義務を負い，その義務を尽くさないときには「正当な理由」の存在が否定される。

> **ルールの提示**
>
> 110条の要件のうち「正当な理由」の判断枠組みを示している。

　本問についてみると，Cは，Aの実印が押された委任状と印鑑証明書によってBを代理人に選任するAの意思を確認している。

> **あてはめ**

　しかし，①Bは，取引を打ち切られないように根保証人を立てる必要に迫られている中で，②Bが根保証人として立てたのは，実の父親よりも親等の遠い妻の伯父であったこと，③Aは，根保証契約という重い責任を引き受けるのに，その契約締結を他人任せにしていること，④Bの代理行為によって利益を受けるのはB（とM）であり，本人Aではな

いことなどを考えれば，Ｃは，ＢがＡの了解を取らず代理権の授与も受けないままに代理人であると称して根保証契約を締結する可能性があることを想定し，より慎重にＡの意思を確認するべきであったといえる。

　Ａの意思の確認は，Ｂを通じてＡの連絡先を把握するなどして容易に行うことができたと考えられ，これを怠ったＣは，Ｂが代理権をもたないことを知らずにいたことについて「正当な理由」がないというべきである。

　以上より，表見代理の成立は認められない。このため，Ｃは，Ａに対して根保証債務の履行を請求することはできない。

結論

「不審事由」にあたりうる事実を列挙したうえで，それによってＸにどのような調査・確認義務が生じたのかを具体的に示したうえで，義務を果たしていないとして「正当な理由がない」との評価をしている。

Ⅶ 時効

1 消滅時効

● Step 1 ───────────────────────── ← p. 88

① 起算点　　② 時効の完成　　③ 債権者が権利を行使することができることを知った
④ 5　　⑤ 債権者が権利を行使することができる　　⑥ 10　　⑦ 20
⑧ 権利の行使につき法律上の障害がなくなった時点

● Step 2 ───────────────────────── ← p. 90

□1　売買契約を発生原因とする債権は，原則として売買契約の成立時に発生するため，本件代金債権
は 2020 年 10 月 1 日に発生する。この代金債権には期限の定めがないため，A は，債権成立の時か
ら，これを行使することができる。また，A は，自ら売買契約を締結し，債権を発生させているので，
契約成立の時点で，自分が債権を行使できることを認識しているといえる。本件請求時には，この時
からすでに 5 年（166 条 1 項 1 号）が経過しているので，A の代金債権には消滅時効が完成している。

□2　本問では，A と B が 2022 年 9 月 30 日を履行期限として約束しているため，A の貸金債権は，
（確定）期限の定めのある債権として成立している。したがって，期限の到来時である 2022 年 9 月
30 日が，A が貸金債権を行使することができる時となる。また，A は，期限となる日を自ら設定し
ているので，その日になれば，自らが貸金債権を行使できることを直ちに認識するといえる。本件請
求時には，この時からいまだ 5 年（166 条 1 項 1 号）が経過していないので，A の貸金債権には消滅
時効が完成していない。

● Step 3 ───────────────────────── ← p. 91

Ⅰ　本問における消滅時効の起算点

本問の貸金債権に消滅時効が完成しているかを検討するには，まず，債権者 A が，債務者 B に対す
る貸金債権を「行使することができる時」はいつかを，考えるべきことになる（→89 頁 Step 1）。本件
貸金契約について確認すると，B の債務の履行期限とされているのは，C が死亡した時である。C の死
亡は，いつかは確実に発生する事実であるものの，発生の具体的な日時までは契約時にはいまだわから
ない。したがって，本問で A と B は，貸金債権について不確定期限を設定したことになる。

これを踏まえると，本問で，A がその「権利を行使することができる時」（166 条 1 項 2 号）は，期限
の到来時，つまり，C が死亡した 2025 年 6 月 2 日である。他方で，不確定期限の場合，期限到来の具
体的な日時まではあらかじめわからないので，本問のように，期限が到来していても，債権者が，その
ことに気づかないこともある。この場合には，債権者が，期限が到来していることを現に認識した時
（2030 年 12 月 2 日）が，債権者が「権利を行使することができることを知った時」（166 条 1 項 1 号）
になる。

Ⅱ　期間の計算方法

民法には，期間の数え方について一定のルールがある。起算点から時効期間が経過したかを決める際

にも，このルールに従うことになる。

　このうち，時効期間の計算との関係で重要なのが，期間の数え始めにあたり初日を計算に入れない，というルールである（140条本文）。たとえば，本問で債権者Aが貸金債権を行使できることを知ったのが，2030年12月2日の14時だとする（この時間に，C死亡の事実を知った）。そこから5年を計算する場合には，初日（12月2日）ではなく，その翌日（12月3日）の午前0時から数え始めることになる。12月2日はあと10時間しかなく，これを丸1日分として数え入れるのは不公平だからである。このように，初日の端数を切り捨てて翌日の午前0時から計算を始めるルールのことを，初日不算入の原則という。ただし，初日が完全に24時間分あり，端数にならないときには，初日から計算を始める（同条ただし書）。

　年単位の期間の場合，その期間は暦に従って計算し，最後の年において起算日にあたる日の前日を，末日とする。期間は，この末日の終了をもって満了する（141条・143条）。2030年12月3日から5年を数え始める場合を例にとると，5年後の12月3日の前日（2035年12月2日）の終了をもって期間が満了することになる。

解答例

第1　消滅時効の完成要件

　本問では，Bが，貸金債権の消滅時効を理由に，貸金の返済を拒みうるかが検討の課題となる。

> **問題の提示**
> 検討すべき事項を，はじめに提示している。

　Aの貸金債権には，民法166条1項の定める要件のもとで消滅時効が完成する。同項によれば，債権者が，①権利を行使することができることを知った時から5年間（同項1号），または②権利を行使することができる時から10年間（同項2号），債権を行使しないことにより，債権の消滅時効が完成する。

> **ルールの提示**
>
> 条文の定めている要件を，簡潔にまとめて提示している。

第2　Aの貸金債権の消滅時効

　以上の要件に照らせば，Aの貸金債権には，それぞれ次の時点で消滅時効が完成する。

　1　まず，本問でAが貸金債権を行使することができる時はいつか。民法166条1項にいう権利行使可能時とは，債権者が権利を行使することにつき法律上の障害がなくなった時を指すと解され，本問では，不確定期限が到来したCの死亡時（2025年6月2日）がこれにあたる。このため，その翌日から（民法140条本文）10年が経過した2035年6月2日の終了をもって，民法166条1項2号の定める消滅時効が完成する。

> **ルールの提示**
>
> **あてはめ**
> 条文の文言の意味について，判例があるので，その判例の掲げている意味を提示している。そして，それに対して，あてはめを行っている。

　2　次に，債権者Aが権利を行使することができることを知ったのは，上記期限の到来を現実に知った2030年12月2日である。このため，その翌日から5年が経過した2035年12月2日の終了をもって，民法166条1項1号の定める消滅時効が完成する。

> **あてはめ**

第3　結論

　AがBに返済の請求をした2035年8月1日の時点では，権利を行使することができる時から10年が経過しているので，民法166条1項2号に基づく消滅時効がAの貸金債権に完成しており，Bはこれを主張

> **結論**

してＡの請求を拒むことができる。

最初に提示した検討課題に対する結論を示して，解答を結ぶ。

2 取得時効

● Step 1 ──────────────────────────── ← p. 92

① 所有の意思　　② 平穏，かつ，公然　　③ 善意無過失
④ 占有開始の原因である権原，または占有に関する事情　　⑤ 自主占有　　⑥ 他主占有

● Step 2 ──────────────────────────── ← p. 94

□1　本問でＡは，甲を 20 年間継続して占有している。Ａは，Ｃからの引渡しによって甲の占有を開始しており，その占有は，平穏かつ公然のものである。また，Ａが甲の占有を開始した原因は，Ｃとの売買契約である。売買は，占有開始者（買主）が目的物の所有権を得ようとする性質のものであり，かつ，売買のこの客観的な性質は，売買が無効であるとしても変わらない。したがって，甲に対するＡの占有は自主占有権原によるものであり，Ａは，所有の意思をもって甲を占有している。このため，162 条 1 項により，Ａは，甲の所有権を取得時効によって取得する。

□2　本問でＡは，甲を 20 年間継続して占有している。Ａは，Ｂからの引渡しにより甲の占有を開始しており，その占有は，平穏かつ公然のものである。しかし，Ａが甲の占有を開始した原因は，Ｂとの使用貸借契約である。使用貸借は，占有開始者（借主）が所有権の移転を受けることなく目的物の占有をすることを内容とするので，他主占有権原である。このため，甲の占有についてＡに所有の意思がないので，Ａは，甲の所有権を取得時効によって取得しない。

● Step 3 ──────────────────────────── ← p. 94

民法には，占有の態様等に関する推定規定がある（186 条）。第 1 に，ある者が物を占有する場合，その占有は，自主占有で，善意，かつ，平穏・公然のものと推定される（同条 1 項）。第 2 に，前後の両時点において占有をした証拠があるときは，占有はその間継続したものと推定される（同条 2 項）。

以上の推定規定は，本問のような取得時効の成否をめぐる裁判で重要な役割をもつ。裁判で取得時効を主張するＡは，自分が甲を占有していた事実さえ立証すれば，186 条 1 項により，その占有が自主占有で，平穏・公然のものと，裁判所によってとりあえずは考えてもらえる。また，Ａが，ある時点とそれから 20 年以上経過後の別の時点で甲を占有していた事実を立証すれば，同条 2 項により，その間Ａの占有は継続していたものと，裁判所によってとりあえずは考えてもらえる（Ａは，その間の 20 年分，甲を占有していたと 1 日 1 日について立証しなくてもよい）。したがって，取得時効の完成を裁判所に認めてもらうためにＡが自ら主張・立証すべきなのは，（20 年間の取得時効の場合）ある時点で甲を占有していた事実，および，それから 20 年以上経過後の別の時点で甲を占有していた事実の 2 つということになる。

これに対して，Ｂが取得時効を否定するには，以上の推定のどれか 1 つ（全部でなくてよい）を覆す

事実を主張・立証することで，取得時効の要件不充足を示す必要がある。本問でAは，Bとの使用貸借契約によって甲の占有を開始している。そこで，取得時効の要件（→92頁 Step 1）のうち，Aに所有の意思があったといえるかどうかが問題となりそうであり，この点を検討することになる。

解答例

第1　取得時効の完成要件と占有に関する推定

　本問では，Bの返還請求があった時点で，Aが甲を30年間占有しているので，取得時効による所有権取得を理由に，甲の返還を拒みうるかが問題となる。

問題の提示

本問で検討する課題を示している。

　所有権の取得時効は，ある者が，目的物を，所有の意思をもって（自主占有として），平穏，かつ，公然と，20年間継続して占有することによって完成する（民法162条1項）。民法は，この要件のうち，占有者における所有の意思の存在，占有の平穏性および公然性について，これを推定する規定を設けている（民法186条1項）。また，ある者がある時点で物を占有していた事実と，その後の別の時点で物を占有していた事実とが立証された場合には，その間占有は継続していたものと推定される（同条2項）。

ルールの提示

　以上のことから，Aは，過去のある時点で甲の占有を始めた事実，および，それから20年以上経過したいずれかの時点で甲を占有している事実を立証すれば，取得時効に関する自らの主張を基礎づける立証を，尽くしたことになる。

あてはめと結論

上記の条文を本問のAにあてはめるとどうなるかを，ここで示している。

第2　Aの取得時効の成否

　Aが以上の点を立証した場合，取得時効の完成を争うBは，上記推定のいずれかを覆す事実を立証することで，取得時効完成の要件不充足を示すべきことになる。上記の取得時効完成要件のうち，本問で問題となりそうなのは，Aの所有の意思の有無である。

問題の提示

　1　占有者における所有の意思の有無は，占有開始の原因である権原，または，占有に関する事情により，外形的・客観的に判断される。したがって，時効完成を争う者は，占有者が，その性質上所有の意思のないものとされる権原（他主占有権原）に基づき占有を開始した事実を立証することにより，当該占有が他主占有であり，所有の意思の要件がみたされていないことを示すことができる。

ルールの提示

ここで，判例の考え方を示している。

　2　本問でAは，Bとの使用貸借契約に基づき甲の占有を開始している。使用貸借は，占有開始者が，所有権の移転を受けずに物を占有することを内容とするため，他主占有権原である。そこで，Bは，Aの占有開始が，使用貸借契約によるものであったことを立証することにより，Aの取得時効完成を否定することができる。

あてはめと結論

3　時効の援用・時効利益の放棄

● Step 1 ──────────────────────────── ← p. 96

① 援用　　② 保証人　　③ 権利の消滅について正当な利益を有する　　④ 放棄

● Step 2 ──────────────────────────── ← p. 98

□1　Bは，完成した消滅時効を援用することができる。Bは，Aの債権の債務者であり，この債権が消滅することで自らの債務を免れる地位にあるからである。なお，援用は，時効による権利の取得・消滅を生じさせる行為であるため，時効により不利益を受ける者に対してこれを行う必要があると解するべきである。したがって，1では，Bは，Aに対して消滅時効の援用をすることで，自らの債務を消滅させることができる。

□2　Cは，Aの債権について完成した消滅時効の，援用権者にはあたらない。Cのような一般債権者は，「権利の消滅について正当な利益を有する者」（145条）にあたらず，完成した消滅時効を援用できないと解される。一般債権者は，他の債権者の債権が消滅することで，何らかの義務を免れたり，自ら権利を取得したりする地位にはなく，また，援用ができなくても，自らの債権を失うわけではないからである。たしかに，Aの債権が消滅することにより，CがBの財産から自己の債権を回収できる可能性は，（Bの財産を取り合う者が減るので）その分高くなる。しかし，これは，Aの債権が消滅した結果として反射的に得られる利益にすぎず，このことをもってCの援用権を認めるべきではない。

● Step 3 ──────────────────────────── ← p. 98

Ⅰ　物上保証人の援用権

　本問のような金銭の貸し借りでは，債務者以外にも，債権の時効消滅に利害をもつ者が登場することがある。その代表例が，Cのような物上保証人である。抵当権は，被担保債権が消滅すれば，これと同時に消滅する（抵当権の付従性）。したがって，本問で債務者Bが消滅時効をもし援用すれば，被担保債権が消滅し，甲の抵当権も消滅する。これによりCは，抵当権実行により甲を強制競売で奪われる危険から，解放される。

　他方で，債務者が時効を援用するかどうかはその意思にゆだねられており，本問のように，債務者が時効利益を放棄することもある。時効を援用できるのが債務者だけだとすると，このような場合，時効による被担保債権消滅の効果は生じず，物上保証人Cは，抵当権から解放されない。ところが，これでは，抵当権から解放されるか否かというCの法的地位が，Bの一存に左右されてしまう。この結果は，Cにやや酷である。そこで，Cが，Bを債務者とする債権に完成した消滅時効を（いわば横から）援用し，時効効果を生じさせうるかが，問題になる。

　この点については，145条が物上保証人を援用権者として明示しており，同条に基づき，物上保証人は，被担保債権につき完成した消滅時効を，債務者とは別個に援用することができる。物上保証人は，被担保債権の時効消滅によって，自己の所有物を失うのを免れる関係にあるからである。このほか，145条は，保証人および第三取得者（担保物権が設定された物を取得した者のこと）にも消滅時効の援用権を認めている。保証人は主債務の時効消滅により自己の保証債務を免れ，第三取得者は，（物上保証人と同様に）被担保債権の時効消滅によりその所有物を失うのを免れるからである。

Ⅱ　時効の援用・時効利益の放棄の相対的効力

　時効利益の享 受を当事者の意思にゆだねるという援用制度の趣旨からすれば，ある援用権者Ｘがした援用または放棄の選択が，他の援用権者Ｙの選択に法的な影響を及ぼすことは好ましくない。このため，援用権者が複数いる場合，各援用権者がした援用または放棄は，他の援用権者の援用権に影響を及ぼさないと解されている。したがって，Ｘが時効利益を放棄した場合でも，Ｙはなお時効を援用することができる。この場合，時効効果は，援用をしたＹとの関係でだけ，確定的に生じる。

　本問では，Ｂによる時効利益の放棄にかかわらず，Ｃはなお（自らの援用権によって）時効を援用できる。Ｃの援用により，Ｃと債権者Ａの間の関係においてのみ，Ｂに対するＡの債権は消滅し，これにともない甲の抵当権も消滅する。他方で，放棄を選択したＢとＡの間の関係では，Ａの債権は消滅せず，ＡはＢに対して500万円の支払をなお請求できる（結果的に，Ａの債権が抵当権により担保されていない状態になる）。

> 解答例

第1　問題の所在

　本問では，被担保債権の消滅時効完成後に，Ａが抵当権の実行を考えている。このため，Ｃが，被担保債権の時効消滅およびこれにともなう抵当権の消滅を主張できるかが，問題になる。時効による債権消滅の効果が確定的に生じるには，時効が完成していることに加えて，当事者が時効を援用することが必要である（民法145条）。本問では，Ａの貸金債権につき消滅時効が完成しているものの，債務者Ｂは，時効利益を放棄している。このため，Ｃが，Ｂとは別に貸金債権の消滅時効を援用できるかを，検討する。

> **問題の提示**
>
> はじめに，「設問に答えるにはどのような制度について検討する必要があるのか」を明示し，「以下では，その適用要件がみたされているかを検討する」ということを示しておく。

第2　物上保証人の援用

　1　時効の援用は，当事者がこれを行うことができる（民法145条）。そして，①民法145条によれば，物上保証人は，被担保債権につき完成した消滅時効を援用することができる。また，②時効利益の享受を各援用権者の意思にゆだねるという援用制度の趣旨からすれば，ある援用権者がした援用または放棄が，他の援用権者の援用権に影響を及ぼすことは，適切ではない。このため，時効の援用または時効利益の放棄の効果は，相対的なものであり，各援用権者がした援用または放棄は，他の援用権者の援用権に影響を及ぼさないと解される。

> **ルールの提示**
>
> この部分で，条文や判例（場合によっては通説）が示している要件等を，示している。

　2　物上保証人であるＣは，貸金債権につき完成した消滅時効の援用権を有する。また，本問では債務者Ｂが時効利益を放棄しているものの，上記②で述べたところにより，Ｃの援用権はこれによる影響を受けない。

> **あてはめ**
>
> この部分で，先の要件を設問の事案にあてはめるとどうなるのか，を示している。

第3　結論

　以上から，Ｃは，貸金債権の消滅時効を援用し，貸金債権および抵当権の消滅を，Ａに主張することができる。

> **結論**
>
> 設問に答える結論で，全体を結ぶ。

4　時効の完成猶予事由・更新事由

● Step 1 ————————————————————————— ← p. 100

① 時効の完成猶予　　② 時効の更新

● Step 2 ————————————————————————— ← p. 102

□1　Bは，貸金債権の消滅時効を援用して支払を拒むことはできない。本件催告により，Aの貸金債権の消滅時効は，催告時から6か月が経過した2031年1月24日の終了時まで，その完成を猶予される（150条1項）。そして，この猶予期間内にAが裁判上の請求をしており，同裁判において貸金債権の存在が確定している。この貸金債権については，当該判決の確定時から，10年の消滅時効が新たに進行を開始する（147条1項1号・2項・169条1項）。したがって，Aが貸金返還を求めた2032年6月1日の時点では，同債権について消滅時効はいまだ完成していない。

□2　Bは，貸金債権の消滅時効を援用して支払を拒絶できる。本件催告により，Aの貸金債権の消滅時効は，催告時から6か月が経過した2031年1月24日の終了時まで，その完成を猶予される（150条1項）。しかし，Aは，2度目の催告では完成猶予の効果を得られず（同条2項），かつ，1度目の催告から6か月の猶予期間内に，その他の完成猶予事由，更新事由は生じていない。このため，Aの貸金債権には，2031年1月24日の終了をもって消滅時効が完成している。

● Step 3 ————————————————————————— ← p. 102

Ⅰ　時効の更新事由としての「承認」

　設問の(1)では，債務者Bが時効完成の前に，自己の債務（したがって，Aの債権）の存在を認める返答を行っている。Bのこの行為は，152条が時効の更新事由として定める「承認」にあたる。承認とは，時効によって利益を受ける者が，時効により権利を失う者に対して，当該権利の存在を認識している旨を表示することである。

　承認は，特別な方式や手続を要しない。書面で行ってもよいし，Bのように口頭で行うことでもよい。また，相手の権利・自己の義務を直接的に認める内容でなくてもよく，権利の存在に対する認識を表示した，といえる言動はすべて承認となる。たとえば，債務者が，（ⅰ）返済の猶予を債権者に懇請することや，（ⅱ）債務の一部を弁済すること，（ⅲ）利息の支払をすることなども，承認となりうる。なお，本問では，Aの催告に応えるかたちでBが承認をしているが，義務者のほうから自発的に，相手の権利・自己の義務を認める場合でも，もちろん承認となる。

　承認は，催告と同様に，裁判等の公的手続の枠外で，権利者・義務者の間で交わされるものである。しかし，ほかならぬ義務者自身が，自らの義務および相手の権利を認めていることから，民法は，承認に，時効の更新の効果を認めている（152条1項）。承認により，それまで経過していた時効期間はすべて白紙となり，承認があった時から，新たな時効が進行を開始する。裁判での権利の確定による更新と異なり，承認による更新の場合には169条1項が適用されないので，更新後の時効期間は，更新前のそれと同一となる。本問では，Bが承認をした2030年7月4日の翌日から5年間（166条1項1号）が新たな時効期間となる。

Ⅱ　時効完成後の自認行為

　設問の(2)でも，Bが，自己の債務の存在を認める行為をしている。しかし，設問の(1)と異なり，B

がこの行動をとったのは，Aの貸金債権につき時効期間がすでに満了した後である。更新事由は時効期間満了前に生じることが必要であり，期間満了後にされた承認行動は，152条の定める「承認」にあたらない。このため，設問の(2)では，Aの貸金債権につき消滅時効が完成している。

　そこで問題となるのが，消滅時効完成後に債務者が債務の存在を認める行動をとった場合に，この行動が，完成した消滅時効の効果にどのような影響を与えるかである。債務者が，自己の債務に時効が完成していることを知ったうえでこのような承認行動をとった場合，当該行為は通常，時効利益の放棄（146条）と解釈される。放棄により，債務者は援用権を失い，時効の利益（債務消滅）を受けることができなくなる（→97頁Ⅶ3）。

　ただし，時効利益の放棄は，「完成した時効の利益を受けない」という意思の表明であるから，自らの債務につき時効がすでに完成している事実を知ったうえで行う必要がある（時効完成を知らないのに，その時効から生じる利益を放棄するという意思をもつことはない）。したがって，設問の(2)のように，債務者が，時効の完成に気づかないまま行ってしまった承認行動は，時効利益の放棄とは評価できない。このように，更新事由としての「承認」にも時効利益の放棄にもならない債務者の承認行動（教科書などでは，「自認行為」と呼ばれる）は，法律上どのように取り扱えばよいのか。

　この点について判例は，時効完成後に自認行為をした債務者は，その時効を援用することが信義則（1条2項）により許されなくなるとする（信義則については→8頁Ⅰ）。時効の援用は，完成した時効の効果を確定的に生じさせる債務者の行為（→96頁Ⅶ3）だから，援用ができなくなることで，債務者は当該時効の利益（債務消滅）を享受できなくなる。

　自認行為後の援用が信義則に違反するとされる理由は，次のように説明されている。第1に，時効完成後に債務者がする承認は，時効による債務消滅の主張と相容れない行為だから，自認行為後の援用は，過去の自己の行為（自認行為のこと）に矛盾する。第2に，いったん債務者が自認行為をすると，債権者は，債務者においてもはや時効を援用することはないだろうと信頼するので，その後の援用を認めると，債権者の信頼を害することになる（最大判昭和41・4・20民集20巻4号702頁〔判例30①-30，百選Ⅰ-39〕）。

　本問では，時効期間はすでに満了しており，また，Bはそのことに気づいていないものの，自認行為をしているため，その後は時効を援用できないこととなる。

┌ 解答例 ┐

第1　問題の所在

　貸金債権は，債権者が，権利を行使することができることを知った時から5年間行使しないことにより，消滅時効にかかる（民法166条1項1号）。このため，履行期限から5年後の2030年8月1日の終了時までの間，Aが債権を行使しなければ，Aの貸金債権には消滅時効が完成する。しかし，本問では，同日の前，または後に，Bが自己の債務を認める発言をしている。そこで，Bのこの行為が，貸金債権の消滅時効にどのような効果を及ぼすかが，問題となる。

> 問題の提示

第2　設問の(1)について

　(1)では，7月4日にBが，自己の債務を認める返答を行っている。このBの行為は，時効の更新事由である承認（民法152条1項）にあたる。このため，Aの貸金債権については，Bの承認時である2030年7月4日の翌日から（民法140条本文），新たに5年の消滅時効が進行を始める。したがって，本件請求時Aの貸金債権に消滅時効は完成し

> ルールの提示
> あてはめ
> 結論

ておらず，Bは，時効を援用して支払を拒むことができない。

第3　設問の(2)について

　(2)でも，Bは自己の債務を承認する行動をとっているものの，この
行為は，時効期間満了後にされているので，時効の更新の効果を生じさ
せない。このため，本問ではAの貸金債権について消滅時効が完成し
ている。そこで，Bの承認行動が，完成した消滅時効にどのような効果
を及ぼすかが，問題となる。

問題の提示

　1　債務者が，時効完成後に，消滅時効の完成を知らないでした自認
行為は，時効利益の放棄にはあたらない。ただし，この場合に，債務者
は，完成した時効を援用することは，信義則（民法1条2項）により
許されないと解するべきである。自認行為後にあらためて時効を援用
することは，自らの過去の行為に矛盾する態度であるし，また，債務者
の自認行為があったことで，債権者は，債務者においてもはや時効を援
用することはないと信頼するので，その信頼を保護するべきだからであ
る。

ルールの提示

この部分が規範にあたる。条
文にはないけれども，判例の
考え方を，規範として示して
いる。

判例がその結論を導くにあた
って理由づけを示していると
きは，その理由づけも同時に
記述するのがよい。

時効

　2　Bは，時効完成後の9月3日に時効完成の事実を知らないまま自
認行為をしている。したがって，本問では，Bは，貸金債権につき完成
した消滅時効を援用することが信義則により許されないと解される。

あてはめと結論

民法チェックノート①総則

2023 年 12 月 20 日　初版第 1 刷発行

著者　　石田　　剛
　　　　野々上敬介
　　　　溝渕将章
　　　　吉永一行

発行者　江草貞治
発行所　株式会社有斐閣
　　　　〒101-0051 東京都千代田区神田神保町 2-17
　　　　https://www.yuhikaku.co.jp/
印刷　　大日本法令印刷株式会社
製本　　大口製本印刷株式会社

ISBN 978-4-641-23318-8